一张画布重塑你的职业生涯

王晓芳 著

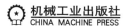
机械工业出版社
CHINA MACHINE PRESS

借商业思维的力量,站在战略高度来梳理职业发展的底层逻辑,本书提供了一整套职场人士成长、升职的路径和方法,让你停止所有职场中的无效努力,找到职场人生的正确打开方式。

这本书为大家提供了一个非常有用的工具——个人商业模式画布。它告诉你应当通过哪些方式来调动你的全部"资源",实现个人成长和职业发展。书中分为九个模块,分别是:核心资源、关键业务、客户群体、价值服务、渠道通路、客户关系、重要合作、成本结构和收入来源。

图书在版编目(CIP)数据

一张画布重塑你的职业生涯 / 王晓芳著.
— 北京:机械工业出版社,2021.7(2022.1重印)
ISBN 978-7-111-68790-0

Ⅰ. ①一… Ⅱ. ①王… Ⅲ. ①职业选择-通俗读物
Ⅳ. ①C913.2-49

中国版本图书馆CIP数据核字(2021)第149703号

机械工业出版社(北京市百万庄大街22号 邮政编码100037)
策划编辑:胡嘉兴　　　　责任编辑:胡嘉兴　刘怡丹
责任校对:李　伟　　　　责任印制:李　昂
北京联兴盛业印刷股份有限公司印刷

2022年1月第1版第2次印刷
145mm×210mm・7.75印张・7插页・171千字
标准书号:ISBN 978-7-111-68790-0
定价:69.00元

电话服务　　　　　　　　网络服务
客服电话:010-88361066　机 工 官 网:www.cmpbook.com
　　　　　010-88379833　机 工 官 博:weibo.com/cmp1952
　　　　　010-68326294　金 书 网:www.golden-book.com
封底无防伪标均为盗版　　机工教育服务网:www.cmpedu.com

前　言

大概在七岁那年，我从湖南的奶奶家走出来，和父母一起生活。从那时起，我几乎每天都在机器的轰鸣声中醒来。那时的我，还不太理解父母开工厂付出的辛苦，只记得他们缺席了我一场又一场的家长会、一次又一次的颁奖活动。我记得父亲经常要整理生产所需要的模具设备到很晚，母亲总是在出差跑业务，我也总在他们为了工厂里的事情所进行的讨论或争吵中睡着。我就想，终有一天，我不要父母这么忙、这么累了。

此后，我报考了机械工程自动化专业。这个专业真的特别适合我，书本上介绍的很多机械设备、铸造材料等都是我从小摸过的，别人看的是平面图，我脑子里呈现的样子都是立体的。还记得我毕业实习的工厂是中国二汽，为此我在湖北十堰生活了两个月。毕业以后，我从事的第一份工作是在一家企业担任产品设计工程师，在工厂上班对我来说就像回到家一样，熟悉的车间氛围、熟悉的工作流程和工作方式，与小时候的工厂相比最大的不同是，这家工厂在管理上要规范太多了。我很感激这份工作，我的上级、我的老板和我的同事们，他们让我学到了很多书本上没有的知识，可以说我对管理初步的认知是在这里完成的。

这份工作我干得特别顺手，一切都像早就安排好了似的，生活就这样进行着。但是有一天，我却对眼前的工作和生活无比厌烦，对别人眼中优秀的自己备感失望。那一天，我在工厂的顶楼上静静地坐了一下午，我仿佛看到了十年后的自己。工厂之内，是一片单纯且单调的世界，冰冷的大门隔绝了光怪陆离的外部世界。我能听到很多形形色色的故事，却不曾亲身经历。我问自己：十年之后，我还在继续过这样的生活吗？当下的生活，真的是我的最终选择吗？我渴望冒险，我期待挑战，却被困在了自己最熟悉的一方世界。后来，我下定决心，从工厂走了出来。这不是一件容易的事情，因为我人生中大概有十多年全都围着工厂打转，我从来没想过离开工厂我还能干什么。

我想，在职场上，如同我当年这般的人不在少数吧。可能大部分人不会有在工厂长大的奇妙经历，却也都长久地被困在自己的一方狭小天地里。上大学前选择专业的一个悖论之处在于，选择之前，人们只经历过义务教育和高中阶段的学习——所有人都学习着相同的内容，然后就要在高考之后做出未来四年最重要的专业教育阶段的选择。多少人在选择大学专业时对这个专业也仅仅是一知半解呢？但是，我们却要根据这个专业去决定未来职业的方向，把"草率"的选择进行到底。

这也造成了 80% 以上的职场人都会经历这样一个迷茫期：不知道自己擅长做什么；不知道自己该干什么；不知道怎么做才能跑在同龄人的前面；也不知道在做出诸如跳槽这样的重大决定前，该如何权衡。

有人问，最近工作岗位发生了变化，一下子感到手足无措，该如何做好自己的职业规划呢？也有人问，当一份工作做了很长时间时，日复一日的重复让我对工作渐渐失去了热情，那该怎么办呢？每天忙得不可开交，却又感觉什么收获都没有。也有人问，如果现在的工作不会有很好的发展前景，那么，如何寻找新的目标、新的发展方向呢？

这些内心的失落、疑惑和恐慌，都预示着我们对于自己的职业规划不清晰。我见到现在很多刚入职场没多久的年轻人，常常跳槽换工作，今天看别人干运营好找工作，便跑去干运营，但干了几天就觉得干不好且不适合自己；看到新媒体行业挺火的，就跑去干新媒体，但干了也没有几天；又觉得产品经理好像很赚钱，就想去干产品经理……这是一个典型的无效循环，最后只是将就地干着一份工作，没有太大的成就，总觉得自己郁郁不得志。

这是一个普遍存在的问题，有些人不了解自己真正的渴望，但却希望毫不费力地照着别人走过的路完成职场上的跃迁。显然，这是一个"送命题"。因为你根本没搞清楚职业背后的底层逻辑。每个人都有自己的优势，你盲目地去复制别人的路径，最后只能是白白浪费时间，你真正要做的应该是挖掘自身的核心优势，打造自己的核心竞争力。

当你不知道自己能做什么工作、适合什么工作的时候，可以根据自身的优势去匹配相应的工作。当你有非常明确的目标时，比如，你想成为像乔布斯一样优秀的产品经理，那么你更需要找到自己的优势，因为成为优秀产品经理的路径有很多，你需要根据自身优势找到最适合自己的那一条，只有这样，你才能更快地达成自己的目标。

我写这本书非常想强调一点，即你要非常清晰地知道：你有什么用、怎么用、赚什么钱，这是职业规划的底层逻辑。

记得有个故事说，一个人在公司干了10年，他每天用同样的方法做着同样的工作，每个月都领着同样的薪水。一天，他愤愤不平地要求老板给他加薪。他对老板说:"毕竟,我已经有了10年的经验。"老板叹气道:"你不是有10年的经验,你是将一个经验用了10年。"

很多人在谈论工作时,总会不自觉地提到工作经验,可问题是,当我们谈论工作经验时,谈的到底是经验还是时间呢?你在工作中到底是在积累经验,还是在消耗时间呢?

通常我们在工作第一年,就把岗位需要的基本技能学得差不多了,这些技能也能满足目前最基本的工作要求了。于是,很多人就开始"自动完成"每天的工作任务了,收到了表单就填表单、接到了数据就输入电脑、电话响了就接电话……每天甚至不需要动脑,只是混混日子,按部就班地完成工作任务。

当然这种情况,不仅仅出现在一个人工作一两年的时候,如果这个人每天都在处理那些很紧急的事情,忽略了重要的事,即使这个人看上去好像很忙、很努力,每天都有做不完的工作,其实往往也是在瞎忙。这样"无意识"的工作方式,即使有5年,甚至10年的经验,又如何呢?

在职场工作三五年后,大多数职场人已经对公司的方方面面比较了解了,成为职场中的"老油条"了。在公司,整天盯着屏幕上团队当天的业绩目标,你长呼一口气,谁再出一单就可以正常下班了,从上班就开始期待这一刻,终于又结束了一天的工作。其实,准确地说应该是你又应付了一天工作。这是多少人的工作常态?

当然,还有些人通过努力奋斗成了团队的管理者,但随着时间的拉长,年龄的增大,工作好像随时都能被人替代。还要面对年轻一代的竞争,学习力没有年轻人强,无论是精力还是体力都处于下风,旧方法失效,还放不下面子向新人学习,想要步步为营,最后却步步失守,生存空间不断被压缩。

甚至有人说每天上班的心情就跟上刑场一样沉重;假期过后,一想到第二天要上班,心里就堵得慌;每周恨不得直接从周二跳到周五,想尽快开启愉快的周末生活……这是多少人的内心写照呢?

我们甚至会安慰自己,会打着"这份工作不是自己喜欢的""公司福利不好""工作没有前途"这样的旗号,对工作日复一日地敷衍了事。每天从踏进办公室的那刻起,就开始采取应付、拖延的态度,但又没有离开的勇气,于是每天一上班就开始等着下班,抱怨自己为什么没有拿到更高的收入。慢慢陷入混日子的浑浑噩噩的状态中,变得越来越没价值。这也是很多人工作了3年、5年、10年,都缺少竞争力的关键原因。

随着时代的发展,能让一个人混日子的工作越来越少,老板对员工的要求越来越多,并且在不断变化。打江山的时候,他要的是开疆拓土的武将,而守江山需要的是文臣。如果你长久止步在相同的职位和相同的工作,那你相较于其他不断进步成长的人如同逆水行舟,不进则退,你的碌碌无为等来的必然是被淘汰。

然而,造成这些问题的根本原因,是你没有结构化地去设计你的职业生涯。你可能刚进入职场,刚进入一家公司时很有干劲,但走着走着就感到迷茫了、倦怠了,逐渐失去了竞争力。

你需要把自己当作一家公司去经营,发挥好自己的优势和价值,打造出核心竞争力,提升你的不可替代性。这是我们走向职场达人的第一步。

当我从工厂离开,经过了短暂的迷茫期后,终于被一个名叫麦肯锡咨询公司的故事所吸引,而走进了一个新的行业。到今天，我在企业经营管理教育培训行业深耕17年了。这是一个我很喜欢的行业，它带给我的学习成长不言而喻。我每年会接触30多位各行各业顶尖的专家学者，聆听他们的分享，也和他们探讨交流最前沿的商业思想。我每年还会接触各行各业优秀的企业家，从他们身上我学到很多商业中、市场中实战的经验和方法。这些年，我还常常带领企业家们前往全球各大知名商学院和知名企业游学，研究专业的商学理念和经过商界大佬验证过的有效方法。我创建了中国成长型企业家社群——聚商圈，专注打造成长型企业的转型加速器，我还为上千家企业提供过深度的商业咨询辅导服务。

所以，我了解企业到底想要什么样的人才，企业家真正想用什么样的人才。同时，我培养了一百多位总经理，我深知什么样的人能从众多的员工中脱颖而出，成为职场的佼佼者。更重要的是，我也跟大家一样，职业生涯是从普通员工起步的，从员工到主管，从主管到总经理，再到总裁、董事长，这些年一步一个脚印走过来，遇到过很多困惑，踩过很多职场上的坑，在关于该如何快速成长和晋升上，我有相当丰富的实战经验。我明白大家在职场中的那些迷茫，也更懂得大家内心的渴望和需求。

当我结合自己的成长经历洞察今天职场人的现状和难题时，我就在思考，有没有一套方法能够帮助大家找到一条成长的路径，它能让你发挥出自己独有的优势，持续创造价值，帮你更快速地实现升职加薪，成长为自己想成为的样子。我花了近两年时间来投入打造壹创新商学App，我们的愿景是成为职场人最喜爱、最需要的学习成长平台。在本书中，我想借鉴商业思维，站在战略高度来梳理职业发展的底层逻辑，提供一整套职场人成长、升职的路径和方法，让你停止所有职场中的无效努力，找到开挂人生的正确打开方式。

本书为大家提供了一个非常有用的工具——个人商业模式画布，它告诉你应当通过哪些方式来调动你的全部"资源"，来实现个人成长和职业发展。书中分为九个模块，分别是：核心资源、关键业务、客户群体、价值服务、渠道通路、客户关系、重要合作、成本结构和收入来源。

第一个模块　核心资源

这一模块主要包含两个方面：我是谁；我拥有什么。"我是谁"，具体来说包括兴趣、技能和个性；"我拥有什么"，包括知识、经验、人际关系以及其他有形的或无形的资源和资产。"我是谁"是对个人来说是最重要的一点，是职业生涯规划的起点，是展现个人竞争力的基础。善待自己最好的方式就是投资自己，让自己成为最好的资产，核心资源清点的对象就是你自己。

第二个模块　关键业务

这里指的是"我要做什么"。主要分为两种：一种是依自己目前所从事的工作岗位，列出日常工作任务，这样可以帮助你梳理自己的职责，不会偏离正轨；另一种是自己未来目标岗位的工作任务，明确这一部分，可以指引你进步和成长。

第三个模块　客户群体

这里指的是"我能帮助谁"。客户群体分为企业外部客户和企业内部客户。企业外部客户指的是购买或使用你们公司产品或服务的客户。即使你不需要直接和他们打交道，他们也是你需要间接服务的客户。企业内部客户包括你的老板、上司，这些是付给你工资的人。在职场中，你只有弄清楚你的客户群体是谁，才能把握好自己应该做哪些工作，以及这些工作的方向，这样才能更好地判断自己的工作价值。

第四个模块　价值服务

这里指的是"我怎样帮助他人"。在这里主要思考两个问题："客户请我到底完成什么工作""完成这些工作能为客户带来什么好处"。这里的客户，包括外部客户和内部客户。考虑清楚这两个问题，你就能够梳理出自己能提供哪些价值服务。这个模块决定了你的核心竞争力，决定了你的薪资水平。

第五个模块　渠道通路

这里指的是"你用什么样的方式宣传自己和交付服务"。当你清楚你的客户群体，了解你能提供的价值服务之后，你是用什么样的方式让你的客户知道你能帮助他们，并且创造更多的机会来展现自己的才华呢？

第六个模块　客户关系

这里指的是"你是怎样和客户打交道的"。你是面对面直接沟通，还是间接联系？你们之间的关系是一锤子买卖，还是持续性服务？你关注的目标是新客户开拓，还是老客户关系的维护？

第七个模块　重要合作

这里指的是"谁可以帮我"。简单来说，就是那些支持你工作和帮助你顺利完成任务的人是谁。谁是你职业生涯中的贵人呢？

第八个模块　成本结构

这里指的是"我要付出什么"，包括时间、精力和金钱。比如，培训费或学习费；交通费或社交费；车辆、工具或服装费；工作时必须个人承担的互联网、电话费用等。成本还包括软成本，如工作带来的压力感和失落感。

第九个模块　收入来源

这里指的是"我能得到什么"，如工资、补助、提成、奖金等现金收入。另外，还有一些"软收益"，如工作带来的满足感、成就感和社会贡献等。

个人商业模式画布

下图中的九个模块构成了职业发展的底层逻辑，回答了三个问题：我有什么用、我怎么用、我赚什么钱。前四个模块是认知阶段，在回答"我有什么用"的问题。中间的三个模块是具体实施阶段，回答"我怎么用"的问题。最后两个模块是评估阶段，回答"我赚什么钱"的问题。个人商业模式画布让你重新思考，突破认知盲区，帮你走出职场中压力过大、无人赏识、

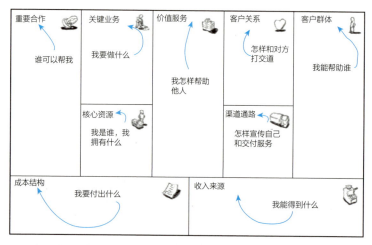

注：个人商业模式画布工具源自《商业模式新生代》

过度忙碌、缺乏成就感等困境，可以系统化、结构化地帮你梳理、分析和调整职业发展规划，重塑你的职业生涯。

在今天，职业生涯规划的书籍与相关课程可谓参差不齐，我之所以想要专门写一本书来解读个人商业模式画布，是因为我在过去的17年间无数次使用这套理念和工具，无论是提升自己还是为别人辅导，都取得了显著的效果。

如果我们将一个人的职场发展比作建筑高楼，当其他职业生涯工具或方法在研究如何能将房子盖得更结实、更漂亮，甚至更高大时，个人商业模式画布则像是地基——专注于研究职场更底层的成功逻辑，更深度地思考职场人的能力与价值构建。当你通过这九个模块重新浇筑了你的地基时，你的上层建筑将得以重塑，届时，无论是想盖更高的摩天大厦还是独具特色的别墅小屋都不在话下了。

好了,现在请你坐直身体,深吸一口气,抛开对未来人生的疑虑和担忧,全身心投入重塑你的职业生涯之旅吧!当你与我一同学习这九大模块后,你会发现更广阔的人生已经在你的面前徐徐展开。

目 录

前言

第一章 核心资源

兴趣，发现你的内在驱动力	...005
技能，发现你的职业优势	...008
个性，发现你从未认识到的个人特质	...011
找到你的职业"蜜罐区"	...026
可迁移技能和有意义的经验	...031
如何展现你的核心资源	...035

第二章 关键业务

梳理出日常工作任务	...041
任务分解法 WBS	...042
任务管理器：甘特图	...048
时间管理法：番茄工作法	...050
工作黄金时间段	...052
重塑你的关键业务	...060

第三章 客户群体

职场生存的黄金法则	…066
上级领导是你最大的内部客户	…073
像对待外部客户一样对待同事的需求	…080
下属的满意度决定了敬业程度	…081

第四章 价值服务

价值服务是什么	…089
你的核心竞争力来自哪里	…091
工作优先级，采摘"低垂的果实"	…094
平衡要事和急事的四象限法则	…099
目标管理工具：OKR 工作法	…105

第五章 渠道通路

创建你的个人品牌	…117
SWOT 分析法：梳理出你的独特价值	…119
设计个人品牌标签，提升职场能见度	…125
选择渠道通路	…126
把握"关键时刻"	…132
做一个"靠谱"的人	…134

第六章 客户关系

第一个问题：你在职场与客户的关系紧密吗 ...143
第二个问题：你与客户的合作关系是持续性合作关系吗 ...151
第三个问题：你关注的目标是扩大客户数量还是满足现有客户的需求 ...157

第七章 重要合作

不要忽视内部合作 ...166
事业成功离不开五类重要合作伙伴 ...168
155 人脉归档表，梳理你的黄金人脉圈 ...175
经营好情感账户 ...179

第八章 成本结构

取得成就所必须付出的代价 ...188
认识硬成本 ...188
六个罐子理财法，提升花钱的智慧 ...189
认识软成本 ...193
让内心强大起来的情绪 ABC 理论 ...195
警惕沉没成本陷阱 ...199

第九章 收入来源

金钱等于价值的交换	…206
事业要建立在"蜜罐区"里	…208
问对问题成就人生	…209
兼职:"斜杠青年"的利弊	…212
投资:购买资产而不是负债	…214
麦克利兰的成就动机理论	…216

后 记 …222

附 录 …227

第一章
核心资源

一张画布重塑你的 职业生涯

> 知人者智,自知者明;
> 胜人者有力,自胜者强。
> ——《道德经》

核心资源，是个人商业模式画布中的第一个模块，也是重塑职业生涯的第一步。在核心资源模块，让我们来清点个人拥有的"资源"，尤其是找出最核心的部分，其中包括两个方面："我是谁"和"我拥有什么"。清点核心资源的过程是一个自我认知的过程。"我是谁"，包括兴趣、技能和个性；"我拥有什么"，包括知识、经验、人际关系以及其他有形的或无形的资源和资产。

第一章 核心资源

一栋普通的办公大楼里,各个岗位的职场人都在忙碌着。

在前厅的接待室里,赵茜攥着自己的简历,紧张地搓搓手,她很期待自己能应聘成功这个职位,所以显得有些患得患失,害怕自己待会在面试时表现不佳,手里的简历改了一版又一版,还是觉得很空泛,担心展现不出自己的能力来。

在接待室旁边的大会议室里,孙立表面上看起来淡定从容,心里却十分紧张。今天是公司一年一度的晋升答辩,很快就该轮到他上台展示了。他努力地回忆着自己在过去一年里的成绩和表现,不想放过任何一个细节,毕竟这次如果晋升失败,等到下次晋升的机会就是一年以后了。

会议室外的工位上,周武专心致志地写着项目策划书,公司下一阶段的一个重要项目,很有可能会交给他负责——如果他的策划方案比其他两名同事更有竞争力的话。周武知道自己的同事都很有实力,也都铆足了劲儿争取这个难得的机会,不过他对自己能胜出很有信心,因为他之前出色地完成过类似的项目,现在正在把上次的经验写进策划方案里。

周武对面的工位上,郑汪却是一副提不起精神的样子。他来公司三年了,每天干得不好也不坏,从没做出过耀眼的成绩,倒也没犯过重大的错误,上班工作、下班睡觉,每天的生活单调且乏味。他很羡慕对面充满活力的周武,好像有用不完的干劲,他更羡慕现在在会议室里进行晋升答辩的同事们,不少人出来后工资薪酬又要提升了。郑汪不知道自己这种当一天和尚撞一天钟的日子还能过多久,他有点想换个行业,却不知道自己还能做什么。

办公楼里的职场人们各自忙碌着,不同的人面临着不同的困境与烦恼,机会和选择。其实,无论是应聘面试、晋升答辩,还是项目申请、转行跳槽,都是一个人职业生涯的十字路口,也许只是一步之差,结局却是天壤之别。

就在这片职场天地中,一颗又一颗的新星冉冉升起,有的挂在天边长盛不衰,有的却在昙花一现之后光速陨落。当然,还有更多暗淡的星星,隐身在漆黑的夜幕之中,使出浑身解数也难以让人看到。在一个理想的职场中,人人都应该在各自最擅长的岗位上绽放光芒;但在现实世界里,大部分人一辈子都没站上过舞台正中央,只能躲在幕后羡慕着别人的光芒。

想要走对职场中的每一步,想要成为一颗越升越高、在人群中最闪亮的明星,你首先要做的第一步,是更深地认识自我。你怎样才能在面试中脱颖而出?你怎样才能在晋升答辩中一鸣惊人?你怎样才能在竞争项目时独占鳌头?你怎样才能在跨行转岗时走对自己的路?你能把握住每一次珍贵的机会吗?你了解你的优势吗?你知道你独特的竞争力是什么吗?

接下来,就让我们一起探寻这一切的答案,也就是回答"我是谁"的问题。在希腊,拥有3000年历史的德尔菲神庙上有一句石刻铭文：认识你自己。穿过 3000 年的风沙洗礼，"认识你自己"仍然是一个永远值得我们思考的问题。在你的职业生涯中，如果不能清晰地认识自己，将很容易迷失方向。一旦走错了路，你的才华将无处施展，你的优势将荡然无存。所以，认识自己并找到自己的"核心资源"，这是个人职业生涯规划的起点，你需要找到你自己的"核心资源"。

核心资源是什么

"核心资源"是个人商业模式画布的第一个模块，是重塑职业生涯的第一步。核心资源就是清点个人拥有哪些"资源"，尤其是找出最核心的部分，其中包括两个方面："我是谁"和"我拥有什么"。"我是谁"，包括兴趣、技能和个性；"我拥有什么"，包括知识、经验、人际关系以及其他有形的或无形的资源和资产。这就是一个认识自我的过程。

兴趣，发现你的内在驱动力

兴趣，指的是让你感到兴奋的事情。兴趣能成为人的内在驱动力，而内在驱动力往往要比物质激励更有效。

在工作中，人们往往会强调"努力"和"勤奋"的重要意义，放大吃苦耐劳精神的重要作用。不懈的坚持对于个人的职场发展而言当然有重要意义，但如果一味地陷入"苦行僧"的状态中，就是在不断损耗人的精神能量，需要不断用意志对抗人的本能。相反，如果我们有幸做着一份自己很感兴趣的工作，将会表现出极大的热情和内驱力，会享受沉浸在自己工作中的感觉，每天面对的是充满挑战的刺激感，而不是机械、重复的无聊感。如果你做的是一份自己喜欢的工作，这意味着你不需要"痛苦"坚持——就像游戏爱好者不会说自己要坚持玩游戏一样，从某种意义上说，别人眼里的坚持对你来说恰恰是一种享受。

做自己喜欢的事情，不仅能够从工作中获得满足，更重要的是做自己喜欢的事情可以让你"日思夜想"，快乐沉浸于其中。念念不忘，必有回响，才能够激发创意和灵感。

很多成功人士都表示过兴趣对他们职业生涯的重大意义，我们也都听过"兴趣是最好的老师"这一说法。但是，兴趣的程度有深有浅，对人的影响也有显著差别。人的兴趣可以分为三个阶段：有趣、乐趣和志趣。

有趣是兴趣发展的低级阶段，产生于对某个事物的新奇感，持续的时间较为短暂，当新奇感消失时兴趣也就随之消逝了。比如，一部颇受好评的电影，一道令人垂涎欲滴的食谱，甚至路边一株鲜艳的花朵，都有可能引起我们的兴趣，使我们产生进一步了解的欲望。但对于大部分人而言，这种兴趣只是一时兴起，消遣而已，很快就会厌倦，会被新的、有趣的事物所吸引。

乐趣是兴趣发展的中级阶段，它是在有趣的基础上逐步定向形成的，持续时间比较长。在这个阶段，兴趣开始变得专一而深入。比如，一开始可能只是偶尔看看电影，烹饪几道菜，做几朵鲜花标本，然而随着兴趣的深入，喜欢上了其中的某一项，便会开始如饥似渴地观赏更多电影，或者精心研究更多菜谱，或者认真学习植物的分类，深入其中，乐此不疲。

志趣是兴趣发展的高级阶段，它在有趣的基础上匹配了崇高理想和远大目标，持续时间非常长，甚至可能贯穿一生。在这个阶段，兴趣开始帮助个人取得辉煌成就。比如，从一开始对电影感到有趣，逐渐沉浸在观赏更多不同类型电影的乐趣中，最终养成了投身电影制作行业的志趣，成为一名卓越的影视工作者。另外，从烹饪的乐趣到美食家，从研究花草的乐趣到植物学家，都是将兴趣发挥到极致，成为推动自身向理想与目标不断前进的志趣。

兴趣的英文名是 interest，即 inter-est，也就是越深入其中，越能体现兴趣的真谛。阅读一本肤浅的小说所获得的短暂的满足感与阅读完一本有深度有内涵的书籍所获得的长久的满足感不可相提并论；而阅读一本书与写出一本具有独特见解的专著带来的成就感更是天壤之别。当兴趣发展成志趣，会推动个人在自己的研究领域里不断超越自我，兴趣就成了取得事业成就更深层次的动力来源，将成为成功的重要保证。

技能，发现你的职业优势

技能是指能力和技术，包括与生俱来的和后天习得的，也就是你更擅长的事情。

与生俱来的能力是天赋，天赋是一个人生来就具备的生理特点，天生的思考方式、感受方式和行为方式，成长之前就具备的成长特性；后天习得的技能，需要通过大量的实践和学习才能熟能生巧。

在职场中，我们往往会忽视天赋，更愿意强调后天习得的技能，更强调大量的练习，认为"勤能补拙"；殊不知，天赋同样需要我们认真对待。天赋与生俱来，如果弃之不用，着实可惜。就像人们说垃圾是放错位置的资源一样，天赋如果没有匹配到合适的岗位，没有发挥出来，岂不是对自身核心资源最大的浪费？

优势公式：优势＝天赋 × 投入

这里的投入是指学习知识、练习技能的时间，也就是说，一个人从自己天赋所在的地方着手去学习提升，并加以有效地练习，会更容易走向成功。这也是一个人提升技能的最佳途径。

姚明是中国最伟大的篮球运动员之一，被称为篮球场上的"移动长城"，是 NBA 历史上第一位外籍选秀状元，也是截至目前中国唯一一位进入 NBA 名人堂的运动员。当然，他花费了多年的时间去磨炼他的球技，调整自己的身体素质去适应比赛，训练自己在赛场上各方面的能力。但如果你也想成为姚明这样伟大的篮球运动员,即使你能做到像他那样的刻苦训练,你也不一定能顺利进入NBA——毕竟,再怎么训练也不会帮你长到2米26的身高,篮球场上有句名言:"身高不是靠教练教出来的。"

美国发展心理学家霍华德·加德纳教授提出多元智能理论,将天赋分为八种,即人类的八大智能,如下图所示。

第一种:语言智能,擅长用语言文字表达自己或者理解他人。

天赋表现:阅读、写作和沟通能力。

第二种:逻辑-数学智能,擅长数字处理和逻辑推理。

天赋表现:数字处理和逻辑推导能力。

第三种:空间智能,对视觉空间的结构把握精准。

天赋表现:三维立体和透视绘图能力。

第四种：音乐智能，对于音符很敏感。

天赋表现：识别音准和音感的能力。

第五种：人际交往智能，可敏锐察觉别人的情绪和动机。

天赋表现：人际交往能力。

第六种：人的认知智能，向内观测自己的行为和动机，以此设立目标要求自己。

天赋表现：自我反省和自我分析能力。

第七种：身体-动觉智能，擅长运动，喜欢用动作来表达情绪。

天赋表现：运动能力。

第八种：自然观察智能，对外部环境尤其是自然界的东西很感兴趣。

天赋表现：观察能力。

这八类天赋是一个大致的分法，你可以对照着想一想，自己哪一方面天生就比较强。当然，人们往往不只是具有其中一种天赋，可能同时具备几种天赋。

要想施展才华，每个人都需要发现自己独有的天赋。但发现天赋其实是一件极其困难的事情，往往需要一段漫长的过程，你可以借助一些识别天赋的测评工具来辅助你认识和了解自己，比如，盖洛普优势识别测试，这是盖洛普公司历时40

年所做的研究,创造了一种语言来描述最常见的 34 个才干主题,然后将其划分为四个维度:执行力、影响力、战略思维和关系建立。测试结果会得出你的前五大才干主题,让你发现自己的核心才干在哪里,找到自己的职业优势,如下表所示。

执行力	影响力
成就 统筹 信仰 审慎 专注 纪律 公平 排难 责任	行动 竞争 完美 沟通 自信 统率 取悦 追求
战略思维	关系建立
分析 回顾 学习 理念 思维 战略 前瞻 搜集	适应 关联 伯乐 和谐 体谅 包容 交往 积极 个别

我在这里要特别强调一下,我所说的天赋,并不是指只有少部分精英人士才具有的东西,我所说的天赋人人都有,但人人不同。每个人都需要在平时的工作和生活中不断地自我审视、自我觉察、自我发现,找到自己的天赋,打造自己的优势,去匹配合适的岗位,这样才能构建你在职场中的独特竞争优势,持续创造难以替代的价值。

个性,发现你从未认识到的个人特质

你可以尝试描述自己或描述身边最熟悉的朋友有什么特点。比如,活泼开朗、沉稳大气、思维敏捷、为人友善,还是爱发牢骚、性格执拗、圆滑世故等。更有趣的玩法是,你可以和朋友或者同事一起来做一个练习,如下表所示。

请选出三个最能描绘自己的词,并让对你熟悉的朋友和同事也分别用三个词来形容你,你可以看看别人对你的看法和你的自我认知是否一致?然后,你最好和他们聊聊为什么他们会这么形容你。比如,他们认为你"有责任感",那你可以详细问问——"我的责任感是怎么体现出来的,能跟我讲讲你为什么会这么认为吗?"

自我认识练习

角度/问题	个人特质描述一	个人特质描述二	个人特质描述三
自我描述			
朋友甲描述			
同事乙描述			

这个练习可能会让你发现自己从未认识到的个人特质。如果你能找到那些对你熟悉并且值得信任的朋友和同事做尽可能多的练习,你的个人特质就会浮出水面了。

今天是一个彰显个性的时代,我们需要尊重每个人的个性表达,但在职场中却又很少有人能够觉察到个性对于职场选择的重要意义。相比兴趣和技能,个性很容易让人忽略。在很多个人介绍表格中,会有兴趣和擅长的空格处让你填写,但却很少会设置个性一栏。但实际上,职业满足感取决于工作者的个性和工作环境之间的匹配程度(这里的"工作环境"主要指工作场所中的其他人)。如果你的个性和你的工作环境比较匹配，那么你的职业满足感就会更高，工作起来也更有斗志和激情。

每个人都是独一无二的，世界上不存在两个完全相同的人，有些人的个性表现得大相径庭，有些人的个性则表现得高度相仿。我们该如何更准确地了解自身个性，以找到更匹配的职场环境，发现更适合自己的工作方式呢？

伊丽莎白·迈克尔和她的母亲凯瑟琳·库克·布里格斯提出了著名的迈克尔－布里格斯性格类型指标。以瑞士心理学家荣格划分的 8 种类型为基础，并加以扩展，形成四个维度：外向 E− 内向 I、感觉 S− 直觉 N、思维 T− 情感 F、判断 J− 知觉 P，并据此形成了 16 种人格类型。我们可以通过下面的 MBTI 测试，评估你的个性类型。

下面有四个维度的问题，每组维度有九道题，每道题有两个描述，请你对这两个描述进行二选一，看看哪种描述最符合你在不同情况下的表现，并在相应的偏好选项上做出标记。

第一个维度：外向（E）或内向（I）

（1）你是否更加关注外部世界，将注意力聚集于外部的人和事物上？　　　　　　　　　　　E

　　　你是否更加关注内心世界，注重自己的内心体验？　I

（2）你是否先行动，然后（可能）再做出思考？　　E

　　　你是否先思考，然后（可能）再做出决定？　　I

（3）你是否经常发现自己自言自语？ E

　　你是否发现自己在开口说话前会想很多？ I

（4）你是否发现自己通过与他人接触获得了巨大的能量？ E

　　你是否发现与他人接触会耗光你的精力，因此你需要一段时间的休息？ I

（5）你是否有广泛的爱好？ E

　　你是否有少数深入的爱好？ I

（6）你是否认为自己人缘广，能够轻松地与他人见面和交谈？ E

　　你是否在朋友与泛泛之交的人之间能划出明显的界限，并且有的时候难以与他人交谈？ I

（7）你是否非常关注发生在自己周围的事情，并且不介意被打扰？ E

　　你是否讨厌被打扰，并且更喜欢独处？ I

（8）你是否非常乐意将自己的想法和感觉与他人分享？ E

　　你是否只有在被他人问起时，才会分享自己的想法与感觉？ I

（9）你是否主要通过实践和讨论来学习？ E

　　你是否主要通过思考和"思想实践"来学习？ I

第二个维度：感觉（S）或直觉（N）

（1）你是否对某种情况的事实更加感兴趣？　　　　　　S

　　　你是否对某种情况的可能性更加感兴趣？　　　　　N

（2）你是否关注事情的细节？　　　　　　　　　　　　S

　　　你是否留意事情的规律？　　　　　　　　　　　　N

（3）你是否对日常工作更有耐性？　　　　　　　　　　S

　　　你是否对复杂工作更感兴趣？　　　　　　　　　　N

（4）人们对你的评价是否更多的是理智、现实、实事求是和务实？　　　　　　　　　　　　　　　　　　S

　　　人们对你的评价是否更多的是具有想象力、创新和理想主义？　　　　　　　　　　　　　　　　　N

（5）你是否更关注当下，非常留意现在发生的事情？　　S

　　　你是否更加注意未来，不停地想象未来会是什么样子的？　　　　　　　　　　　　　　　　　　　N

（6）你是否不相信自己的直觉且试图通过谨慎、按部就班的方式来证明？　　　　　　　　　　　　　　S

　　　当你的直觉告诉你答案时，你是否愿意忽视一些事实，凭着感觉走？　　　　　　　　　　　　　　N

（7）你是否认为自己很有见识且愿意和那些也很有见识的人在一起？　　　　　　　　　　S

你是否认为自己具有创造力且愿意和那些也很有创造力的人在一起？　　　　　　　　N

（8）你是否发现自己只对他人话语中的表面意义做出回应？　　　　　　　　　　　　　S

你是否试图了解他人话语中的隐藏意义？　　N

（9）你是否认为实际的经验是学习的最好方式？　S

你是否认为学习来自灵感和思想？　　　　　N

第三个维度：思维（T）或情感（F）

（1）你是否更喜欢使用因果逻辑来得出结论？　T

你是否更愿意用自己的价值观和信念来得出结论？　　　　　　　　　　　　　　　　　F

（2）你是否觉得应该客观，觉得事物不是错的就是对的？　　　　　　　　　　　　　　　　T

你是否会先判定自己赞同与否，因此也就更加主观？　　　　　　　　　　　　　　　　F

（3）你是否会在不经意间变得客观？　　　　　T

你会表现得非常友好，除非你的价值观受到挑战？　　　　　　　　　　　　　　　　　F

（4）你是否善于分析，对事物抱有怀疑的态度？　　　　T

　　　你是否容易轻信别人，也许还有点过度包容？　　　F

（5）你是否更喜欢真相而不是事实，因此有时会直
　　　截了当表达自己的观点？　　　　　　　　　　　T

　　　你是否更喜欢事实而不是真相，因此不会做出
　　　消极的评论？　　　　　　　　　　　　　　　　F

（6）你是否欣赏激烈的辩论，因为这样能展现出问
　　　题的两面性？　　　　　　　　　　　　　　　　T

　　　你是否讨厌，甚至害怕冲突，并且试图让事物
　　　保持和谐？　　　　　　　　　　　　　　　　　F

（7）你认为的公正是否是平等的对待每个人？　　　　T

　　　你认为的公正是否是根据人们的不同需要而区
　　　别对待？　　　　　　　　　　　　　　　　　　F

（8）你是否认为要好好工作，无论是自己还是他人？　T

　　　你是否乐于赞扬他人，并且也想得到别人的赞
　　　扬？　　　　　　　　　　　　　　　　　　　　F

（9）你是否更加注意表现出理性，并且专注于任务？　T

　　　你是否更加注意表现出富有同情心，并且专注
　　　于人际关系？　　　　　　　　　　　　　　　　F

第四个维度：判断（J）或知觉（P）

（1）你是否更愿意制定计划和限制？　　　　　　　　J

　　　你是否更愿意试图去理解？　　　　　　　　　　P

（2）任务的完成是否给你带来最大的快乐？　　　　　J

　　　开始一项任务是否能够给你带来最大的快乐？　　P

（3）你是否果断有目标？　　　　　　　　　　　　　J

　　　你是否更加灵活？　　　　　　　　　　　　　　P

（4）你是否喜欢做决定？　　　　　　　　　　　　　J

　　　你是否喜欢有各种选择？　　　　　　　　　　　P

（5）你是否喜欢计划性和有序性？　　　　　　　　　J

　　　你是否喜欢随意性？　　　　　　　　　　　　　P

（6）你是否喜欢制定计划，然后根据计划做事？　　　J

　　　你是否喜欢在事情发生的时候再想办法应对？　　P

（7）你是否喜欢事先做好决定，然后坚持这些决定？　J

　　　你是否喜欢有多样的选择？　　　　　　　　　　P

（8）你是否认真对待最后的期限，然后尽早完成事情来避免最后时刻带来的压力？　　　　　　　　J

　　　你是否将最后期限看成是一种刺激，在最后时刻会充满精力？　　　　　　　　　　　　　　P

（9）你是否不需要信息，然后迅速做出决定？　　　　J

你是否收集大量信息，而你可能并不需要这么多信息？　　　　P

对每种人格类型的选项数量进行统计，填入下面的表格中，选出每组维度中得分更高的一项，即你的人格类型。

	E	I	S	N	T	F	J	P
得分								
类型								

不同类型的人有什么样的特质

第一个维度：外向 E—内向 I；它指我们与外部世界或内心世界相处时，获取能量的方式。比如，外向的人下班后虽然很累，但也要去热闹的酒吧喝一杯，因为在外面与人的互动中，他们的能量电池在充电。而内向的人不一定很"宅"，他们可以是活跃气氛的段子手、侃侃而谈的话题主导者，但这是他们消耗能量的过程，在静静地待着或与少数密友喝杯咖啡的过程中，他们能获得宁静与能量。

第二个维度：感觉 S—直觉 N；它指我们收集信息的方式。感觉型的人会利用身体的各种感官直接从环境中获取信息，更关注真实而具体的事情。直觉型的人会对各种外部信息进行综合和联系，间接地对环境进行感知。比如，偏重感觉型的人，经常说的一句话就是："你举个具体的例子"。而偏重直觉型的人往往是概括且抽象地整理信息。

第三个维度：思维 T—情感 F；这是我们做决策的方式。偏向思维型的人会通过理性的逻辑加工来获得客观的结论，而偏向情感型的人，是基于个人的主观价值取向对事物进行评估。比如，对于我现在说的观点，思维型的人会更关注我的逻辑性和连贯性，而情感型的人则会判断眼前的新观点是否支持或者威胁自己过往的认知。

第四个维度：判断 J—知觉 P；这通常阐释为"生活方式的偏好"或者"你希望你的外部世界如何组织"。判断型的人是有序、有计划、有条理的。而知觉型的人则是自在、随机、创新的。判断型的人出去旅行时做好安排，知觉型的人则会兴之所至，随意改变行程。在职场上，判断型的人没有方案规划会浑身不安，知觉型的人面对不确定性时更容易调整适应。

我们可以用下面的表格概括这四个维度和八种特质。

类型	特点	可能有的优点	可能有的缺点
内向 I	关注外部环境对自己的影响 注重自己的内心体验	独立思考 考虑周到 小心谨慎	疏离人群 不够坦率 错失机会
外向 E	关注自己如何影响外部环境 注重外界环境的变化	善于交往 活跃气氛 有行动力	不够独立 感性冲动 要多样化
直觉 N	关注事物的整体和发展变化趋势 注重推理和想象	富于想象 见解独特 洞察力强	脱离实际 容易厌倦 视而不见

（续）

类型	特点	可能有的优点	可能有的缺点
感觉 S	关注感官获取的具体信息 关注事实，喜欢描述，喜欢使用和琢磨已知技能	讲求实际 注重细节 能够忍耐	缺少远见 讨厌复杂 无视全局
情感 F	关注自己和他人的感受 注重行为对他人情感的影响	善解人意 照顾感受 喜欢劝说	缺少逻辑 感情用事 一味认可
思维 T	关注事物之间的逻辑关系 注重通过客观分析做出评价	逻辑性强 擅长分析 公正客观	性情冷漠 误解别人 不爱劝说
知觉 P	适应环境，倾向自由宽松的生活方式 不断调整目标，喜欢多种选择	妥协折中 看事全面 灵活适应	优柔寡断 不做计划 半途而废
判断 J	愿意管理和控制，喜欢计划和决定 注重结果，希望生活井然有序	讲究秩序 善于控制 决策迅速	固执坚持 轻易判断 不爱变化

个性的四个维度和八种特质，彼此排列组合，组成了16种人格类型。这对我们的工作、学习和生活都有很大的指导意义。我们可以依此更好地做出职业选择，如下表所示。

哲学家型 (INFP)
理想主义者
注重价值观和使命感
适应性强，个性灵活
通常很包容，除非他们的价值被侵犯。

作家型 (INFJ)
很好的聆听者
具有同情心和观察别人的能力
喜欢探究理论和物质世界背后，以及事物之间的联系及意义，但有些时候极端固执

记者型 (ENFP)
擅长把事情和信息联系起来，从而找到规律和解决问题的办法

热情洋溢，富有想象力

喜欢被人们所肯定

教育家型 (ENFJ)
卓越的沟通者和游说者

热情、忠诚、积极回应他人的想法和情感需求

喜欢在任何事情上给予他们的朋友劝告

学者型 (INTP)
喜欢研究理论和科学，有出色的想法和观察能力

冷静、内敛、灵活

喜欢怀疑一切，基于逻辑分析的角度进行批判

专家型 (INTJ)
很容易发现外界事物的规律，并提出富有远见的观点和方法

性格独立，通常在科学和思想的世界中有所成就

一旦做出承诺，善于组织工作并付诸实践

发明家型 (ENTP)
才思敏捷，头脑灵活，擅长创造

喜欢探索解决问题的诸多可能性

喜欢同时进行许多件事情，并且有能力把所有事情都做得不错

陆军元帅型 (ENTJ)
容易扮演领导者角色，具有权威性

擅长设定长期目标和长远计划

喜欢把自己的知识传达给别人，享受热烈的辩论过程，但有时候表达观点时显得生硬

照顾者型 (ISFJ)
具有强烈的责任感，恪守承诺

通常对生命中弱小的人物特别关心

忠诚、体贴、友善

在工作中维持与他人的和谐关系

公务员型 (ISTJ)
非常负责任和可靠

比较安静，不喜欢被打扰

严肃、冷静、做事井井有条，专注而细腻

擅长对当前要做的事进行逻辑分析

协调者型 (ESFJ)

重视感情关系中的和谐，经常对他人表示善意

愿意合作，准时完成交付的任务

关注微笑的细节

喜欢听到认同和赞美

监督者型 (ESTJ)

负责任，重视权威和指挥体系

果断，有决断力，凡事都有自己的逻辑标准，并且以此严格要求自己或者别人

推行自己的计划时比较强硬

艺术家型 (ISFP)

拥有强烈的艺术气息

喜欢拥有自己独特的时间和空间架构

冷静、敏感、友善

为了避免冲突而不把自己的意见和价值观强加于人

冒险家型 (ISTP)

动手能力强，为了自己的兴趣而活

喜欢分析事情的原因，对事情的因果关系感兴趣

逻辑感强

非常重视他们的个人空间，看重工作效率

表演者型 (ESFP)

喜欢当众表演带来的兴奋感

乐观开朗，善于传播喜悦，活泼机智，对生活充满热情，享受工作的过程

包容、随和、做事灵活

善于适应新的环境

挑战者型 (ESTP)

追求刺激、兴奋和每件事情中的多样性

相信行动，不相信理论，喜欢看到即时的结果

对理论和抽象的事物可能感到厌烦，只喜欢积极行动去解决问题

除了迈克尔·布里格斯性格类型指标可以帮助我们明确个性以外，剑桥大学贝尔宾博士提出了团队九大角色，将人的个性放在团队中分析。

在团队中，每个成员都具有双重角色：职能角色和团队角

色。职能角色是指一个人为满足工作岗位要求而必须提供的技术和业务知识;团队角色是由个体的气质、性格所决定的,是个体与其他团队成员交互作用时表现出来的特征模式。在团队中,每个成员都通过同时扮演这两种角色而达到对团队目标做出贡献。

团队九大角色分为三大导向,分别是人际导向、行动导向和思维导向。

人际导向具体包括三种角色:协调者、凝聚者和资源调查员。

	角色作用	可容许弱点
协调者	成熟、自信、可信任、阐明目标、促进决策	不一定是最聪明或最有创造力的人
凝聚者	温和、善解人意、乐于助人、包容、倾听、解决摩擦	关键时刻优柔寡断
资源调查员	外向、热情、善交际、探索机会、建立联系	热情一过很快失去兴趣

行动导向具体包括三种角色:鞭策者、实干家和善始善终者。

	角色作用	可容许弱点
鞭策者	有活力、开朗、爱挑战、在困难面前寻找各种办法	易怒、脾气急
实干家	守纪律、高效、可靠、保守、把想法付诸实际行动	有些固执、对新事物反应慢

(续)

	角色作用	可容许弱点
善始善终者	吃苦耐劳、尽职尽责、严肃、谨慎、守时、善于发现错误	过分担心、不愿授权

思维导向也包括三种角色：智多星、监督评论员和专家。

	角色作用	可容许弱点
智多星	有创造力、想象力，善于打破常规、解决困难问题	不擅长与普通人交往
监督评论员	冷静、有战略眼光、考虑全面周到、判断准确	缺少激发鼓舞别人的能力
专家	诚实、自我工作、投入、提供急需的知识和技能	专业领域较窄

我们介绍了这么多的测试，在这里需要提醒读者，所有测评结果并没有标准答案，所有测评结果也没有好坏之分，本书中介绍的测评工具是为了帮助你了解自己，接纳自己；你也可以用来了解别人，接纳别人。你要明白，其实每个人都是一体多面的，有这方面的优点必然会伴随着另一方面的缺点，有这方面的优势必然会有另一方面的弱项，就像太阳有阳面就必然会有阴面。大部分时候，希望你像允许你个性中的优点存在一样允许你个性中的缺点或弱点也存在。在这里，我们给个性中的缺点或弱点的定义是"妨碍你出色发挥的因素"。所以，与其去改造缺点，不如去管理缺点，让它不要影响你优势的发挥就可以了。

"我是谁"也不只包括兴趣、技能和个性三个方面，还包括人生观、价值观、世界观、教育水平、智力水平和幽默感等。人类个体本身的复杂性使得我们或许穷极一生都无法完全认识自我,但这不正是认识自我最大的魅力之处吗?

那么,"我是谁"中的兴趣、技能和个性对我们的职业生涯有什么样的启发呢?

找到你的职业"蜜罐区"

1. 我是谁

我们可以通过李婷的职场境遇来理解"我是谁"这一重要概念。

大学毕业后的李婷感到非常迷茫,不知道自己的第一份工作应该找个什么样的。家里人劝她去做会计,因为会计工作相对比较稳定。但是李婷觉得会计天天跟数字打交道肯定很无聊,她更想跟人打交道。

因为不知道怎么选择,所以李婷决定广撒网,只要用人单位在招应届毕业生,感觉自己能胜任的工作她就都投简历。比如,市场营销专员、人事专员、行政助理、销售、销售助理……这类岗位,李婷一个都没放过。没过多久,李婷就被一家公司录用了,职位是销售。

入职以后,李婷在领导的指导和同事的帮助下对工作上手很快。李婷非常乐于学习，每天学习新的销售知识和技巧让她倍感新鲜。仅仅用了半个月的时间，李婷就拿下了一个订单，破了新员工最快拿到订单的纪录。领导因此在公司月度会议时请她作为优秀新员工上台分享成交经验，李婷别提有多高兴了，上台前做了充足准备，分享时感觉自己仿佛站在了宇宙的中心。更让她高兴的是，下台后很多同事向她表示感谢，觉得李婷分享的方法很实用。

但是，慢慢地，李婷觉得自己好像遇到了瓶颈。自己从公司的一名销售新人逐渐变成"老人"之后，业绩虽然还算不错，但没有了一开始的新鲜感，对固定的销售流程越来越没有热情，也很少有机会再上台分享，这让李婷很失落。她甚至有了离职的想法，犹豫要不要换一家公司试试。

上司注意到了李婷的状态不好，于是开诚布公地跟她进行了一次谈话。

领导："李婷，你喜欢这份销售的工作吗？"

李婷："喜欢啊，我对销售非常感兴趣，但干着干着就失去热情和耐心了，不知道该怎么突破。"

领导："那你为什么认为自己喜欢销售呢？你喜欢销售的哪部分工作呢？"

李婷："我喜欢服务客户，无论自己的客户还是同事的客户，当我向客户介绍产品，讲解我们的优势时，客户都很认可我，这让我很开心。"

领导:"那工作中还有哪一部分让你兴奋呢?"

李婷:"我还喜欢跟同事分享我的工作经验,尤其是上台跟大家分享,特别有成就感。"

领导:"你的学习能力很强,你平时的分享,条理清晰,言之有物,充满热情,特别出色!我觉得你很适合给销售人员做培训,你愿意尝试做销售培训吗?"

李婷:"我没有做过,但我可以试试。"

自从转岗做了销售培训师,李婷每天都充满激情,特别享受站在台上的感觉。不久后,她不仅能够给内部销售人员做培训,还可以胜任公司为客户举办的产品宣讲会、答谢会等活动的讲师。两年之后,李婷顺利晋升为培训部经理,深得领导器重和同事的尊重。

我们该怎么从"我是谁"的三个方面来理解李婷的职场境遇呢?

兴趣

李婷认为"销售"是自己的兴趣——这显然太宽泛了。细究下去,李婷最喜欢的是销售过程中"向客户讲解产品",以及工作中"和同事分享自己的工作经验"这些部分,从这其中可以看出她的兴趣是分享、传授和说服等。

技能

从八项智能的角度来分析李婷的天赋,她明显具有很强的语言智能和人际交往智能,这些让她更擅长沟通和公众表达。

技术能力方面,李婷积累的销售能力对她日后成为优秀销售培训师起了很大的帮助,再加上她在转岗培训师后不断学习销售理论、公众表达、语言技巧,提升课程开发能力,在一场场培训实践中突破自己,一步步从内部培训师成为面向客户的讲师。

个性

从个性来看,李婷是 ESFP 型,是天生的表演者,喜欢当众表演带来的兴奋感。她乐观开朗,善于传播喜悦,活泼机智,对生活充满热情,享受工作的过程;她包容、随和、做事灵活,善于适应新的环境。

兴趣、技能和个性一起组成了"我",而"我"的职业生涯规划自然与这三要素密不可分。如果你做一份能够给你带来收入的工作,不仅是你感兴趣的,同时也是你擅长的,而且还符合你的个性,那可太难得了,你的职业就处在一个别人求之不得的"蜜罐区"。

对李婷而言,销售培训师的职位满足了她分享、传授的兴趣,符合她善用语言表达自己的天赋技能,同时也贴合她的个性特征,转岗后的李婷处在了职业"蜜罐区",所以取得了突飞猛进的成长,获得了在工作上的满足感和成就感。而在销售岗位时,职业选择和兴趣、技能、个性并没有完全贴合,从而影响职业发展。

所以自我认知对于职业发展至关重要，它决定着你是快速晋升，还是会陷入职业危机中。

2. 我拥有什么

在职场中，你所拥有的知识、经验、人脉关系，以及其他有形的或无形的资源和资产也都是极其重要的。

如果你是下列岗位，你是否拥有这些资源呢？

（1）HR

你对优秀人力资源管理的理论和方法掌握多少？

你有没有过重建和优化人力资源管理流程的经验？

你曾经引入过哪些优秀人才？是怎样判断的？

你曾经设计和引导过公司的制度改革吗？具体是怎么做的？

你对所从事行业的主要业务流程和关键环节有多熟悉？

你有多少有效的招聘渠道？有没有招聘的独门秘籍？

（2）运营

你有多少能够利用的宣发渠道？效果如何？

你有对市场和用户的洞察吗？是怎样判断的？

你之前运营的数据是怎样的？

你曾经做过哪些成功的运营活动？情况是什么样的？

你曾经做过哪些失败的运营活动？最后是如何处理的？

（3）IT

你有哪些独立完成的成果？

你之前曾参与完成过哪些成果？你在其中的贡献是什么？

你相对其他竞争者有哪些能力上的优势？

你的专业知识足以跟上时代的变化和发展吗？

你遇到过的印象最深的程序错误是什么？怎么解决的？

……

无论你是哪个岗位，你都要不断地问自己，我到底拥有什么？

可迁移技能和有意义的经验

在对核心资源的追寻过程中，我们有可能会发现，有些时候我们的岗位会因为外界一些不可控因素而改变，这时你所拥有的核心资源很可能会失去作用。

唐山市高速公路改革，撤换掉了很多高速收费站。过路的司机纷纷道贺，对于长途运输的人来说更是天降福音。然而，并非所有人都会在改革中受益。比如，高速公路收费员就被迫失业了，虽然他们获得了经济补偿，但其中一位大姐振振有词地说："我今年 36 岁，我的青春都交给收费站了，我现在啥也不会，也没人要我，我也学不了什么东西了。"

很多人哀其不幸，怒其不争，觉得这位大姐 36 岁除了收费工作其他什么也不会，简直可笑。然而，我们又有多少人是在五十步笑百步呢？这位大姐并非不上进，每天勤勤恳恳工作，风雨无阻，业务精熟，经常被评为优秀员工，在收费员这个岗位上所拥有的知识和经验一定是足够的。然而，外界形势的变化让她所拥有的这些化为乌有。而这样的事情绝不仅仅会发生在收费员身上。大公司辞退了工作多年的经理，经理从楼上一跃而下，难道是这些经理不上进么？他们也精通各种专业技能，并且在专业领域里越做越纯熟，但如果有一天，这个岗位进行了调整，需要的能力改变了，之前的经验用不上了，那么，到哪里去找和之前一模一样的工作呢？

除此之外，如果自己目前所从事的工作与核心资源并不匹配怎么办？这也是令很多人饱受困扰的地方，如果不改变，只会越来越痛苦；贸然改变，自己之前所拥有的这些有形的或无形的资源和资产怎么办？自己多年在一个领域内积累的经验是不是作废了？练就的技能、拥有的经验是不是换了行业就变得毫无用处了呢？

答案是，不一定。在职场中，我们积累核心资源时应当注意，要着重培养可迁移技能和有意义的经验。

可迁移技能是指在工作过程中，处理问题的基本能力。布赖恩·费瑟斯通豪在《远见》一书中提到，有一些基本的技能并不局限于帮你完成眼前的工作，而是可以在你从一个岗位换到另一个岗位，从一家公司换到另一家公司，甚至从一个行业换到另一个行业时都能成为可以依靠的能力和基础。比如，"解决问题的能力"。下面我将以此为例，阐明可迁移技能的重要意义。

从某种意义上说，世界上任何一份工作都是为了解决某个问题而存在的。所以，分析问题并制定解决方案变得尤为重要。那么，我们该如何解决问题呢？

首先，要认清问题是什么，这就包括对问题进行拆分、列出框架，最好整理成行之有效的思维导图，以分清问题的主次；其次，要拥有对问题答案的搜索能力，太阳底下无新鲜事，你遇到的问题其他人大概率也遇到过，但不会把答案直接摆到你的面前，需要你有能力收集、甄别和整理，还要根据自己所遇问题的具体情况做调整；再次，如果问题迟迟得不到解决，你还要有良好的抗压心态和追问到底的决心；最后，还要有创新意识和自我学习能力，解决问题是提升自我的好机会，在这本书中也提供了很多理论框架和工具策略，来帮你提高解决问题的能力。

我们很容易发现，"解决问题的能力"并不局限于具体的专业技能，而是任何领域都需要应用到的技能。厨师和幼儿园老师，维修工和市场总监，在工作中遇到的问题当然是不同的，最终得到的答案也各不相同。但是，"解决问题"的思路和逻辑是相通的，都可以用到我上面所写的步骤和方法。这就是可迁移技能如此重要的原因，几乎任何岗位都需要这项能力，所以你完全不必担心因为自身调整或者外界环境的变化，改变了行业或岗位之后，使之前积累的能力浪费掉。

除此以外，可迁移技能还包括说服式沟通技巧、完成任务的能力、帮助和求助的能力、搜集信息的能力等，领导者和管理者还要有战略深度思考的能力、吸引人才的能力和培养人才的能力等。这些技能不仅能够帮助你完成当下的工作，也是你下一份工作乃至整个职业生涯的基石。

有意义的经验也是如此。如果你能把有意义的经验都结合起来，可以让你在职场中成为复合型人才，并且得到稳健的发展。如果一个人一直用同一种方法做事，虽然会变得很有效率，但这种状态会让你形成固有的习惯路径，从而成为你的认知壁垒，当变化来临时会让你变得很"脆弱"。正如本节前面所讲的收费站大姐的案例一样，多年的收费岗位让她积累了极强的工作经验，在这个领域中可以说颇具竞争力，效率要比不熟练的新人强几倍。但是随着岗位的被迫改变，多年的工作经验也变得无用武之地。

因为收费员大姐并没有累积下多少有意义的经验。事实上，她的工作能力只是在短短一段时间内得到了提升，剩下的都是长年累月的重复工作。我们有多少职场人也是这样呢？初入职场的时候接触的一切都是新的，伴随着不断努力工作，工作经验也在不断积累——直到完全熟悉了工作内容，开始日复一日地做着差不多的事，所拥有的能力也随之止步不前。记住一句话：拧上百万次螺丝，也不会让你学会管理工厂。

所以，积累有意义的经验，最重要的是离开舒适圈，也就是不断尝试新的工作方法和置身新的工作环境。积极去申请公司中更有挑战的新项目，或者明显存在失败风险的活动，而不是仅仅满足于按部就班地完成那些做过无数次的任务。一系列有意义的经验可以建立起更坚实的职业生涯。

如果你独有的竞争优势还不够明显，所拥有的核心资源并不能与其他人拉开显著的差距，那就一定要围绕你的核心资源有针对性地进行学习提升。当你的能力支撑不起你的"野心"的时候，就是你要去学习提升的时候。升值才能升职。你想要提升你的职场价值，就要去大量地学习实践，在工作中锻炼，一点一点积累出具有独特竞争优势的核心资源。

如何展现你的核心资源

"核心资源"是个人商业模式画布九大模块中的基础，也是职场人重塑职业生涯的第一步。其重要意义不仅在于自身，把握自身的核心竞争力，同时也可以对外，便于你在实际的职场场景中把自己的核心优势展现出来。

无论是面试，还是向客户展示自己，抑或者是公司有一个项目需要人挂帅,又或者是有一个空缺的晋升岗位需要竞争,你都需要向相关考核人员进行自我介绍,如果不能在自我介绍中抓住别人的注意力,用独到的见地让人印象深刻,精准地把握并突出核心资源,那么你极有可能错失重要的机会。

我们可以通过下面五个问题,帮你在应聘竞岗时进行自我介绍或自我推荐来全面展现你的核心资源。

1. 我是谁

第一个问题:在工作中,你的兴趣是什么,持续的兴趣是什么?(方便对方快速捕捉到你可能存在的潜力方向)

第二个问题:你的天赋在哪里?你有什么与众不同之处?(通过自己的独特之处赢得注意力)

第三个问题:你擅长什么?你最突出的技能是什么?(一技之长往往可以实现一鸣惊人的效果)

2. 我拥有什么

第四个问题:你取得过哪些最亮眼的成绩?(展示自己创造过的价值做信用背书)

第五个问题:你有哪些最有价值的资源?(知识、经验和人脉等有形的或无形的资源和资产)

在阐述成绩时,务必强调数据和事实,当对方追问时,要能说出关键操作细节,要能提供具体案例佐证。一句话,你所具备的,你所擅长的,正是对方想要的,即你的核心资源是能胜任和匹配这个岗位的,要给对方一个这个岗位"非你莫属"的理由。

在本章的结尾,我以一名互联网产品经理的应聘经历为例,帮他找到自身核心资源,做出更优化的自我介绍。

优化前的自我介绍	
您好,我叫××,今年29岁,河北人。我们家有两个孩子,我是老大,所以我比较有责任感	这部分流水账式的内容在有限的汇报时间内最好去掉,没人真的会对此感兴趣
我喜欢运动,比如篮球、骑行,时不时会来一场说走就走的旅行。如果有志同道合的朋友们欢迎一起啊	这里介绍的兴趣和你要面试的岗位没有关系,面试官的耐心快要耗尽了
我毕业于××学校工商管理专业,毕业后进入BD公司旗下子公司做开放平台功能设计,一年后进入知识付费行业做产品设计,一直到现在	这段工作经验的介绍没有重点。面试官根本不知道你在这些公司做了什么,能创造什么价值
我有很强的责任感、上进心、学习能力、逻辑能力、沟通能力,工作态度积极向上,和同事相处也很融洽,而且有非常丰富的产品设计研发的经验,我相信我一定能胜任贵公司的岗位	最后罗列的这些优点很虚,也没有重点,有些能力和岗位要求也不匹配

优化后的自我介绍	
您好,我叫××,作为一名产品经理,我喜欢挖掘用户的需求,我感觉研究用户想要什么是一件特别有意思的事	NO.1 在工作中,你的兴趣是什么,持续的兴趣是什么

（续）

优化后的自我介绍	
我最引以为傲的是创造性解决问题、满足需求的能力；我的沟通能力也比较强，能调动相关的资源完成产品开发并上线	NO.2 你的天赋在哪里，你有什么与众不同之处
我曾负责过多个产品从 0 到 1 的设计过程，在产品规划方面，我对产品的生命周期、用户的生命周期有深刻的认识。能够科学规划整个产品的发展线路，擅长搭建产品业务模型、数据漏斗模型、拆分业务路径，可以有效支持运营团队的精细化运营，以达到用户高效增长的目的	NO.3 你擅长什么，你最突出的技能是什么
我曾经负责的产品×××读书 App 目前已迭代至 3.0 版本，上线首月注册用户达到 2 万，历时一年经过近 20 个版本的迭代。目前用户已达到 180 万，累计用户学习时长过亿分钟	NO.4 你取得过哪些最亮眼的成绩
本人从事产品岗位，有 5 年工作经验，其中 4 年都在内容行业进行产品设计，在职期间曾负责对接多家知识付费平台，以及行业内的第三方服务平台。对知识付费领域有深刻的行业认识，能在短时间内快速、有效地响应支撑产品可能涉及的多种业务场景，包含内容直播、平台安全、资源互换合作等。我相信我一定能胜任壹创新商学 App 产品经理的岗位	NO.5 你有哪些最有价值的资源

一份抓住人心的自我介绍，需要牢牢把握住核心资源，淋漓尽致地展现自己的亮点。清点我们的核心资源，可以在竞聘关键岗位或争取关键任务时，从容面对关键人物，积极抓住人生关键机遇，掀开职业生涯新篇章。

第二章
关键业务

一张画布重塑你的 职业生涯

故不积跬步,无以至千里;
不积小流,无以成江海。
——《荀子·劝学》

关键业务,是个人商业模式画布中的第二个模块,指的是"我要做什么"。分为两种,一种是你目前所从事的与工作岗位相关的日常工作任务;一种是未来目标工作岗位的工作任务。

关键业务是什么？

想象一下，当你进入职场，坐在自己的位置上，你脑子里浮现的第一个问题是什么呢？我想一定是"我要做什么，我的工作是什么"。如果你连自己的工作内容都不清楚，又怎么可能取得好的结果呢？关键业务这个知识点，就是来回答"我要做什么，我的工作是什么"这一问题的。

关键业务是个人商业模式画布的第二个模块。在这一模块中，我们要重点认清自己的关键工作任务：一种是你目前所从事的工作岗位的日常工作任务，将其列出来可以帮助你梳理出自己的工作职责；另一种是与未来目标工作岗位相关的工作任务，明确这一方面的工作任务，可以指引你进步和成长。

学习关键业务模块的知识，要求我们既要"仰望星空"，也要"脚踏实地"。我们既要对自己未来满怀期待、有所规划，也要抓住现在的每一份工作任务的关键。

梳理出日常工作任务

我们所说的关键业务，也就是我要做什么。需要注意的是：关键业务取决于你的核心资源。你只有弄明白了你是谁、你拥有什么，才能搞清楚自己要干什么，才能梳理出日常的工作任务。

比如，如果你是一名销售人员，你拥有 50 个大客户，你的工作任务是负责客户开发与渠道开拓、扩大市场占有率、达成公司销售目标、与客户保持良好沟通、实时响应客户需求等；如果你是一名行政人员，你的工作任务是组织筹备公司会议和活动、处理行政方面的重要函件、接待来访客人、与外界相关机构和部门保持良好的合作关系等；如果你是一名程序员，那么你的日常工作任务就是对接需求、开发程序、输入代码、产品维护……

你会发现职场人的日常工作非常繁杂，往往有多项任务同步进行，如果只是一味蛮干而不进行梳理，很容易陷入"忙、茫、盲"的状态而不自知。所以，我们对日常工作任务并不是简单地进行罗列就可以了，更重要的是，要从中找到更为关键的部分。我们可以从下面三个方面入手来梳理你的关键业务。

任务分解——任务管理——时间管理

任务分解法 WBS

郑路是客户拓展部的经理，管理着一个 10 人团队。他向公司承诺的部门目标是今年通过拓展新客户达成业绩 1200 万元。郑路召开部门会议分配任务：10 名员工，每人领 120 万元的任务。他心想目标肯定能完成！

但 3 个月过去了，业绩距离目标却相差甚远，郑路有点着急，再次召开会议给大家打气。但半年之后，情况依然没有好转。郑路很困惑：我把目标分配得很科学，大家也都很努力，怎么就完不成任务呢？

郑路所不理解的是：员工希望接收的是任务，而他下达的却是目标。这两者有什么区别呢？目标是面向结果的，也就是做什么；任务是面向过程的，也就是怎么做。在这两者之间缺失了一个重要步骤：任务分解。

我在带团队和做企业管理咨询的时候，总会发现很多团队管理者，特别是业务团队的管理者，工作态度很积极，也很想把事情做好，但你会感觉他是在喊口号、喊目标，而这些却总也落不了地，显得"雷声大雨点小"，没有实质性的工作结果。为什么会出现这种情况呢？因为你只是向大家交代了目标，但团队成员并不知道具体该怎样才能做到。管理者做管理、带团队光喊目标是万万不行的！

接下来，我给大家介绍一个把目标真正落地的好方法：任务分解法。

任务分解法也叫 WBS 管理法，是英文"Work Breakdown Structure"（即工作分解结构）的缩写，是指项目团队为了实现项目目标，并创造必要的、可交付的成果任务，把可交付的成果任务进行有层次的分解的方法。WBS 管理法就是把目标分解成任务，把任务再分解成工作，把工作再分配到每个人的日常活动中。只有这样，团队中的每个人才能知晓每个阶段的关键业务,才不会迷失在空洞的目标中。

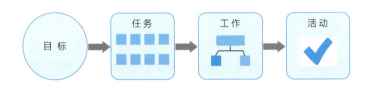

以上面的案例为例,来看看具体应该如何操作。

郑路所在的客户拓展部目标是今年通过拓展新客户达成业绩 1200 万元,平均每月需要完成 100 万元。通常情况下,经验丰富的管理者将目标分解成任务前,会先根据时间轴把大目标分解成阶段性目标。确定目标能够指引工作方向,但还需要落地执行,所以要把目标拆分成任务,根据平均每位客户能产生 5 万元业绩计算,每月就要拓展 20 个新客户。那么,把任务进一步分解成工作,根据以往的工作数据,郑路的团队成员把潜在客户转化成新客户的平均转化率是 10%,则团队成员每月总共需要拜访 200 个潜在客户,才会产生 20 个新客户。进一步细分到日常活动,就要求员工要每天打陌生电话以及拜访潜在客户,郑路的团队成员从打陌生电话到产生可拜访的潜在客户的平均转化率也是 10%,所以他们每月要打 2000 个陌生电话。一个月按照 22 个工作日计算,每天大约要打 100 个电话,分派到每个人头上,每个人大约每天打 10 个电话会产生 1 个可拜访的潜在客户。我们可以从下面的表格中清晰地看出分解的过程。

目　　标	任　　务	工　　作	日常活动
通过拓展新客户达成业绩1200万元，即100万元/月	每月拓展20个新客户	每月拜访200个潜在客户	每人每天打10个陌生电话 每人每天至少拜访1个潜在客户

按照以上方式对任务进行分解之后，郑路就可以具体地帮助团队所有成员列出每天的工作安排，让每个人都知道自己具体的关键业务是什么，而不只是有一个笼统的目标。

当然，上面案例对任务分解法的应用只是一个简化的模型，在实际工作中，团队管理者要根据市场情况、员工业务能力的不同给每个人、每个时间段制定不同的目标，分配不同的任务量。同时，不同的业务流程也会有不同的分解逻辑。

利用任务分解法层层拆解，我们不仅可以将团队目标拆解到个人，我们自己也可以有效地拆解个人的工作目标和工作任务。销售人员对个人的工作目标拆解和上面团队的工作目标拆解过程是相同的。接下来，我给大家举一个对"非业务"岗位工作目标拆解的案例。

谷乐是一名文案编辑，平时的工作就是给一些合作的品牌商写宣传文案，但所写的文章发表在微信公众号，每篇文章总是达不到"2万+"的阅读量。领导告诉她，你不能只是根据品牌商给我们的素材去写，你要去采访品牌合作商的负责人，这样才能与品牌产生情感连接，从而产生自己的独特视角，写出有观点、有深度的文章。这样的文章读者才愿意看，才有可能成为爆款。

谷乐有点慌，她的文字功底很好，只喜欢闷头写作，从来没有尝试过采访别人，也不知道该从哪一步开始。一周时间过去了，工作还是没有任何进展。

谷乐之所以迟迟没有动作，是因为面对"采访品牌合作商负责人"这一任务，就像面对一整个"光滑的西瓜"，不知道从何下手。这时候，我们需要的是一把菜刀，把这一整个西瓜切成一块一块的，也就是把这个任务分解成一个个具体的、可操作的工作内容和活动事项，如下表所示。

目标	任务	工作	日常活动
深入了解合作品牌，写出"2万+"阅读量的微信公众号文章	采访1家品牌合作商的负责人	当天预约采访3天内完成采访并在一周内完成写作	周一约定采访时间和地点 周二写出采访提纲 周三采访 周四整理出采访记录 周五写出文章

在运用任务分解法时，我们要记住遵循3个基本的原则。

第一，拆分到底原则。对每个任务原则上要求分解到不能再细分为止。

比如，我们熟知的笑话，"把大象装进冰箱一共分为几步"，打开冰箱门——把大象塞进去——关上冰箱门。为什么听起来很荒谬，因为这个任务并没有拆分到底，"把大象塞进去"仍然是一个需要拆分的步骤，把整只大象塞进冰箱当然是不现实的。我们在进行任务分解的时候也要注意，要拆分到能够执行

> 我们既要"仰望星空"
> 还要"脚踏实地"

的日常活动上来。

第二，元素互斥原则。WBS结构中的各个元素是相互独立且不交叉的。

如果一个任务所拆分出的日常活动有重叠，会在完成过程中造成混乱。这种情况一般发生在多人参与任务的时候。比如，你是一名管理者，你向下属分解任务的时候，必须要明确每项任务、工作、日常活动的主要责任人，其他人可以协助，但主要负责人只能有一个，否则会出现多人负责的现象，不仅责任不清晰，还浪费了资源，容易造成一出现工作失误，大家就互相推诿扯皮的问题。

第三，100%原则。所有被拆分的任务的总和，须支撑总任务的完成。

如果在任务拆分过程中遗漏了某一项，就算完成了所有的活动也没办法完成整个任务。比如，上述例子中的客户拓展经理如果在分配给每个员工日常活动时少算了数，所有员工都完成了自己的工作，也不足以支撑整个客户拓展部的目标。

通过以上三个原则，可以检视我们的任务分解是否正确。

分解好任务之后，你需要做好日常的目标管理，设置检查节点，并定时检查目标任务的达成情况。其实，这也是管理者必须对目标和任务进行的进度管理。

接下来，我要和大家分享另外一个好用的任务管理工具，特别是当你同时进行多项长期任务的时候。比如，在管理复杂项目或者举办大型活动时，这个工具将会帮你清晰地把控进度，不会顾此失彼或者耽误工期。

任务管理器：甘特图

甘特图是一个最常见的任务管理器，通过条形图来显示每一项任务随着时间的推进情况。横轴表示时间，纵轴表示由项目目标分解而成的具体工作任务，可以很直观地展示出任务什么时候开展，什么时候结束，现在进行到哪一步了。

现在有很多制作甘特图的软件，比如 Project、Teambition、Tableau、Worktile 等，各种工具略有不同，但原理基本一致。所以，我在这里只介绍甘特图的基本组成要素，这样无论选择什么样的工具，都能迅速掌握甘特图的制作要领。

那么，甘特图具体该如何表示呢？

纵轴：代表具体工作任务，因为不同的任务在时间上有重叠，所以我们要根据每项任务的重要程度进行排序，把最重要的任务放在最上面，这样的话，如果一天要进行多项任务，你也会知道该优先完成哪一项（关于任务重要性的判断方法，我会在第四章"价值服务"中详细说明）。

横轴：代表时间，通常以月为周期，具体可根据项目周期来确定，以天为单位，注意不要把周末休息时间列进去。标注出每个任务开始和结束时间,将整个时间段标色(为了便于识别,不同的任务可以标识出不同的颜色),如下表所示。

X月项目进度表

	1	2	3	4	5	8	9	10	11	12	15	16	17	18	19	22	23	24	25	26	29	30	31
任务一																							
任务二																							
任务三																							
任务四																							
任务五																							
任务六																							

甘特图最大的特点就是能直观地展示我们需要的信息。

我们可以从每一条横轴上看比较关注的单一任务的进展,任务的周期,任务开始的时间及距离截止日期还有多久,实际已完成的任务和计划的进度相比是滞后还是提前,以此提醒自己根据任务进度及时调整任务安排。

我们也可以从每一条纵轴上看今天的工作安排,找到今天的日期,看下甘特图中今天标色的区域,即今天需要完成的任务,根据重要程度或紧急程度从上到下有序完成。

我们学习了任务分解法,把目标一步步分解成能够执行的日常活动;学习了任务管理器,监控任务的执行进度。最重要的是,任何事只有执行才会有结果。但在执行过程中,人们很容易被各种琐碎的事情所打扰,为了帮助自己高效执行,我给你推荐一个好用的时间管理工具。

时间管理法：番茄工作法

番茄工作法是一种简单易行的时间管理方法，这也是使本书得以成稿的一个关键方法，也是我平时开发课程时使用的一个有效的时间管理工具。它特别适用于你需要一整段时间集中注意力完成的工作，它可以帮你有效地避免工作时总是被各种事情打断，而无法进行深度思考或全身心投入工作的状况。番茄工作法的原理极其简单：工作 25 分钟，休息 5 分钟，这算是一个番茄时间。每 4 个番茄时间后休息时间增加为 15 分钟，以此循环，如下表所示。

番茄时间数	1 个番茄数		2 个番茄数		3 个番茄数		4 个番茄数		5 个番茄数		
事件	工作	休息	工作	休息	工作	休息	工作	休息	工作	休息	…
时间（分钟）	25	5	25	5	25	5	25	15	25	5	…

当然，这个时间长度可以根据自己的个人情况进行调整，但要在开始之前设定时间，而不是完成一半的时候再进行调整。

具体怎么执行呢？可以参照下面的表格和步骤。

日期		今日番茄数		
待办	番茄数记录	预计番茄数	实际番茄数	备注

（续）

突发情况记录表				
事件	番茄数记录	预计番茄数	实际番茄数	备注
今日总结				

第一步，根据任务分解法或者任务管理器拆解出来今天需要完成的事情，选择一件重要事项写入番茄工作法记录表格的待办事项里。

第二步，将你的计时器（可以用实物闹钟计时，为了减少干扰，建议你尽量不要用手机作为计时器）调整为25分钟，这25分钟就是你的专属番茄时间，在这段时间内高度集中地完成手头的工作。

第三步，这25分钟尽量让自己保持不被打断的状态！如果你突然想要干其他紧急的事情，一定要将它写到"突发情况记录表"里并备注原因。如果你被突发事件打断，那么现在的番茄时间作废，不管你已经坚持了多久都要从头开始。

第四步，铃声响起，一个番茄时间结束，暂停手上的工作并在番茄数记录那里做标记。休息5分钟，不要浏览任何电子产品，也不要想与工作相关的东西，放松自己的大脑。

第五步，休息结束后进行下一个番茄时间，执行完 4 个番茄时间后，进行一轮时间为 15 分钟的休息，完全放松自己。

使用番茄工作法的精华之处在于每天结束后的固定总结。你需要整理出今天所用的总番茄时间数、被打断的番茄时间数、各种类型任务所需的番茄时间数，以及自己哪里做得好，哪里做得不够好，问问自己哪些任务可以进一步细分，在什么地方可以减少被打断的时间，哪种任务类型明天可以适当增加，具体需要多少个番茄钟等。

随着时间的推移，你会渐渐掌握预估时间的方法，慢慢变得精确。比如，要看一本书、要学一门技能、要写一篇文章等，你都能做到对所花时间了如指掌、心中有数。这样积累下去，你会发现自己不知不觉完成了很多貌似难以完成的工作。你根据自己平时的工作学习状况总结出的规律和方法真的可以让你受用一生。

工作黄金时间段

我们在整理自己的关键业务时，也要注意一个重点，就是记录自己的工作黄金时间段。人的工作状态和工作精力像浪潮一样有起有伏，每天在不同的时间段呈现的状态会有显著的差异，所以我们要找到自己效率最高的黄金时间段，在这段时间内完成最重要的工作，这样才会有事半功倍的效果。

一般来说，人一天当中精力最为旺盛的时间段是上午 10 点半到 12 点，以及下午 2 点到 3 点半。但这只是一般情况，不同的个体其实存在着很大的不同，尤其是现在的工作岗位和工作方式越来越多元，所以我们并不能以此作为判断自己的工作黄金时间段的依据。

那么，我们怎么才能找到属于自己的工作黄金时间段呢？你可以把一天的时间以半小时为单位进行拆分，将自己每半小时做了哪些工作记录下来，一天全部结束之后，审视自己这一天的时间都用在哪些工作事项上了，哪一段时间完成了最多、最重要的工作。这个过程和番茄钟的记录方式非常相似，但又有所不同。我们一天的记录是不能中断的，哪怕这一小时都用来娱乐或者休息了，也要如实地记录下来。这样坚持记录半个月以上，就很容易通过统计得出自身的精力周期，以便更合理地安排自己的关键业务。

未来目标岗位的工作任务

除了当下的日常工作任务，你还可以在关键业务中整理出自己岗位上的目标工作任务。我们平时也会为自己设立目标，但为什么大家还经常迷失方向呢？那是因为我们制定的目标不够清晰。

想要有一个清晰的目标，你得知道自己要去哪里。你要找到自己的个人愿景，并不断地为之奋斗。如果你没有目标，那你的关键业务就仅仅是你的日常工作，时间长了很容易陷入原地踏步的境地；但你如果有一个长远的目标，那你就有了一个前进的动力，你会把很多不是自己现阶段的工作也纳入到自己的职责范围，推动自己进步和成长。

董明珠最早在格力做业务员的时候，她的业绩水平遥遥领先其他人，她在自己的本职工作上取得了瞩目的成就。但她不满足于此，在录制某档节目时，她谈到自己当年做业务员时的一段经历：当时她的上一任业务员留下一笔 40 万元的债务，很多人劝她，这笔债务和你没关系，你不要管了。但董明珠对自己的规划不仅仅是业务员，她有自己的目标，她要在格力长久地干下去，并且想取得更大的成就，她认为这笔债务是她分内的事。后来她为这笔债务追了 40 天，天天堵在对方企业的门口，最终要回了欠款。董明珠也凭借着不断给自己制定积极向上的目标，从基层业务员一步步做到了格力集团董事长的位置。

现阶段的工作任务是为了实现长远目标打基础，长远的规划反过来又可以引导现在的工作任务。

如果你对自己未来的工作目标还不清晰，怎么办？我告诉你个好方法：向上看。这里的"上"有两层意思：如果你打算在职场中走管理路线，那么你的直接上级每天所做的工作，就是你未来将要做的工作；如果你打算在职场中走专业路线，那么那些专业能力比你更强的人，他们现在能够完成的任务，就是你未来将要完成的任务。

所以你要去观察、思考这些在你之"上"的人，他们的关键业务是什么？把它列出来，然后看看哪些是你能做到的，可以尝试着在做好本职工作之后多做一些。哪些是你现在还做不到的，那就想办法去向别人学习、请教，以便获得这方面的能力。

不同职位层级对应不同核心业务

职务可以分为四个层级，分别是：任务级、部门级、职能级和战略级。下面我以财务工作为例来具体讲解。

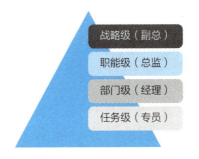

任务级指的是最基层的员工，处于这个阶段的"你"可能是刚入职场而茫然无措的"小白"，这时最需要做的是多向有经验的同事请教；这个阶段的"你"也可能是工作多年却得不到晋升的"老员工"，这时最需要学习的是脱颖而出的方法与能力。无论哪一种情况，都要把关键业务扎扎实实做好，尤其不要轻视基础性的工作。

财务体系的任务级对应的是最基层的财务人员，关键业务是"记账和做报表"。比如，费用、成本报销及核销工作，管理市场收款，跟进银行对账工作，进行账务核算，报送各类财务报表等。

部门级指的是团队的主管，处于这个阶段的"你"已经走上了管理岗位，关键业务中很重要的工作就是专业管理和团队管理，要求你的专业能力更加精湛，还要能够辅导和培养下属，同时在管理上懂得不再仅仅依靠自己的力量完成工作，而是要赋能团队，合理分配任务，带动团队一起取得更大的成果。

财务系统的部门级对应的一般是财务经理，关键业务是"制定制度"和"监督执行"。比如，制定公司的财务管理制度、会计制度及相关的财务规章制度，并且及时监督、检查执行情况，编制公司的财务计划并做好财务预算，组织本部门员工进行日常会计核算，复核会计凭证，办理资金调拨，审批所有业务的付款手续等。

职能级指的往往是大型企业设置的高阶职位，这时不只是要求你达成工作目标、完成工作任务，更重要的是制定方案、提供策略。处于职能级的"你"需要凭借自身的专业为公司的发展提出建设性的方案和策略，这需要更强的专业水准，并且要能与其他岗位、其他团队共事，甚至是代表公司与其他公司进行合作洽谈，跨界整合资源。

财务系统的职能级对应的是财务总监，关键业务是"系统建设"和"团队建设"。比如，制定集团财务发展规划。完善集团财务管控体系并确保公司内控系统合理、高效运行。参与公司投融资、资本运作。监控公司财务风险，合理评估财务风险可能给公司带来的损失。掌握财税政策和行业发展趋势，提供纳税筹划方案等。

战略级指的是职级层次的最高层，是处于金字塔尖上的稀缺人才。在这个层次，做对的事情比把事情做对更重要。所以战略级的核心工作是做战略决策，运用自己的洞察力对行业的发展前景和公司的发展规划做出战略性的判断和抉择。

财务系统的战略级对应的是处于公司最高层次的财务管理人员，包括首席财务官、财务执行官等，关键业务是"把控战略"。比如，与董事会一起设定公司财务战略，为达成特定商业目标制定财务和投资策略，以符合法律法规和证券报告的要求，负责公司投融资、资本运作管理，全面监督财务计划和报告，确保与财务报告准则和法规要求相一致等。

从上面的"职务层级"来看，这就是一个职场人晋升的过程。我们想要获得发展的机会，就必须对关键业务有所了解，不能仅仅只是集中在自己的职位上，要关注自己的上一级。每一层级所对应着不同的关键业务，这意味着需要不同的能力来完成。如果你对自己的未来有所规划，那就尽快培养出自己相应的能力，这样更有利于你的成长。当然也不要好高骛远，要一步一个脚印地走过去。

最后，我还要提醒你：千万不要为了工作任务而完成工作任务。你一定要思考完成工作任务是为了什么，是为了创造价值，是为了达成目标。当所处阶段不同，公司目标、团队目标、个人目标就会有所不同，你的工作任务和关键业务也就不同。所以，你一定要定期总结复盘、定期对照检查目标与成果，而不要一味陷入以往的工作模式中。另外，我们也不是为了晋升而去做那个层级的工作任务，晋升其实是结果，是我们做好了本职工作，又持续地展现了我们足以胜任新岗位的能力和潜力之后的结果。所以，我们的焦点应该放在如何创造性地解决问题、如何创造价值、如何达成个人目标，支持协助完成团队目标，进而采取有效的行动。

及时认识关键业务的转变

李玲是一名运营人员，最近心情特别好，因为自己工作表现出色，刚刚晋升为运营经理，成为一个团队的管理者。

当上运营经理的李玲并没觉得工作有什么不同，团队有5名下属，其中有3名都是原来的同事，大家对自己的工作很熟悉，不需要"帮带"；只有两名还是刚刚入职的新人，工作效率比较低，也容易踩不到正确的点上，经常向李玲寻求帮助。李玲很热心，在她还没有带领团队的时候也经常会力所能及地帮助有困难的同事，当上了运营经理后，她更是有求必应。

李玲的领导感觉不对，找她进行了一次谈话。领导问："你的工作任务是什么？"李玲轻车熟路，回答了运营工作的关键业务是什么，讲得逻辑清晰、井井有条。但领导的眉头皱得更紧了，问她："那你当上运营经理之后呢？"李玲不假思索地回答："当然是更高效、更出色地完成更多的工作，不辜负上级对我的信任！"

领导摇摇头说："你现在是管理者，管理者的日常工作一方面是自己需要完成的任务，另一方面，是监督下属工作的执行情况和完成情况，协助下属处理问题，帮助下属成长。"

李玲说："我也有帮助团队一起……"

领导打断她，说道："可我并没有看到你在帮助下属成长，当下属有搞不定的工作过来向你请教时，你是不是觉得费大把力气教会下属还不如自己做，索性把这个工作自己包揽了，这就是你说的帮助吗？像你这样，显然是忘记了自己的关键业务，虽然把这项工作完成了，但你的下属并没有学到解决问题的方法，获得工作能力的提高，如果你一直这么做下去的话，必然不会成为一名合格的管理者，没有把下属的成长当作自己工作的一部分，你的工作将会越做越累。"

李玲听后直冒冷汗，很快意识到了自己的错误。

在职场中，当我们晋升或者调岗之后，关键业务会发生相应的变化，一定要从之前的工作惯性中脱离出来，重新梳理自己的关键业务，这也是重塑职业生涯中打好基础重要的一步。

重塑你的关键业务

当我们了解并能够清晰地梳理出自身的关键业务之后，我们要进行更深一步的思考：怎样通过个人商业模式画布对自身的关键业务进行重新塑造呢？

个人商业模式画布的九大模块是环环相扣、息息相关的。在本章的开篇我们提到，关键业务取决于你的核心资源。因此，你的关键业务一定要和你的核心资源相匹配，这是重塑关键业务的重要原则。

那么，如果你的关键业务与核心资源不匹配怎么办？我的建议是，你最好及时调整，基于核心资源去调整岗位，去做更匹配核心资源的关键业务。

胡涛是某软件公司的技术研发人员，每天的关键业务就是进行技术开发以及处理各种技术故障。他的专业技术过硬，对于所有的研发项目基本上都能及时提供解决方案并实施，每天工作完成得也不错。

但胡涛却觉得并不开心，每天闷头处理一件又一件望不到头的任务，没什么新鲜感。胡涛是个喜欢迎接挑战的人，他喜欢和人打交道。而现在每天进行高度重复的劳动让他很容易失去耐性，变得郁郁寡欢。下班之后，他隔三岔五都要约上几个好友聚一聚，排解负面情绪。

他以为自己进错了公司，于是换了另一家公司去做技术研发，但没过多久，他很快就感到了和以前一样的失落感。接着，他换了第三家公司，但工作依旧没有任何起色。

这就是关键业务与核心资源不匹配带来的后果。胡涛的核心资源不仅包括出色的技术研发能力，还包括喜欢与人打交道、喜欢挑战等兴趣和个性，而后者完全没有在他的关键业务中展示出来，因而不得不在工作之外寻求弥补。

直到最后，胡涛调岗去做了售前技术支持，关键业务是处理客户的技术咨询问题，这样既充分利用了本身的技术知识，又发挥了与人打交道的专长，并且工作内容充满了变数。胡涛在这样的工作中充满了成就感，再也不会出现一上班就盼着下班的情况了。

小结

过去17年，我在为各行各业的企业做管理咨询的时候，也经常接到邀请为企业员工做职业生涯规划的咨询项目。这两个工作非常有意思的地方是，它们往往是一体两面的。比如，对管理者而言，希望员工敬业工作达成目标的起点在哪里呢？来过我的管理训练营的同学们会知道，答案应该是发现员工的优势并匹配到合适的岗位上；而对员工而言，想要在职场取得成功，你的关键业务要和你的核心资源相匹配。这两者其实本质就是一件事，只不过是角度不同，表述方式不同而已。

当然对企业家来说，通常会认为这件事最重要的责任在他的各级管理者身上。我们说"能力越大，责任越大"，我非常赞同企业家的这个观点，但是作为职场人的你，特别是当你还处在比较基层岗位上时，我想要给你一些建议：你完全可以更主动一些，而不是选择消极、被动、逃避，甚至是逃离。在职场中，你要更主动地让自己的"关键业务"与你的"核心资源"相匹配。当你发现这两者严重不匹配时，不要总是陷入"习得性无助"，每当我见到这种情况都会深感惋惜。如果你都不对你自己负责，还能奢求于谁呢？一份工作适不适合你，一个岗位适不适合你，你干得开不开心，只有你自己最清楚，如果你不去表达、不去争取，你怎么知道自己能否做得到呢？

不要动不动就说自己不行，把"不行"当成了不去行动的理由和借口。也许你可能只是走在了不适合的道路上，"成功"正在另一条道路上向你招手呢。

第三章

客户群体

爱人者，人恒爱之；
敬人者，人恒敬之。
——《孟子·离娄章句下》

客户群体,是个人商业模式画布中的第三个模块。对企业而言,客户群体是企业赖以生存的基础;对个人而言,客户群体时时刻刻在影响着个人的收入和发展。

客户群体指的是"我能帮助谁",我提供服务的对象是谁,分为企业外部客户和企业内部客户。

企业外部客户指的是购买或使用你所在公司产品或服务的客户。

企业内部客户包括你的老板、上司、同事和下属等。

第三章 客户群体

客户群体是个人商业模式画布中的第三个模块，不同的客户群体需要不同的价值服务、渠道通道和客户关系。对于企业而言，客户群体是企业赖以生存的基础；对于个人而言，客户群体时时刻刻在影响着个人的收入和发展。

客户群体，这里指的是"我能帮助谁"，我提供服务的对象是谁。提到客户，人们首先想到的就是购买公司产品和服务的群体。但是，对个人而言，这里的"客户"并不仅仅只包括这个群体。客户群体分为企业外部客户和企业内部客户。

企业外部客户指的是购买或使用你所在公司产品或服务的客户。即使你不需要直接和他们打交道，他们也是你需要间接服务的客户。

企业内部客户包括你的老板、上司、同事和下属。

关于"客户群体"的概念，是不是刷新了你在职场工作中对"客户"的认知呢？在职场环境中，一定要有"客户"的概念和意识，这种认知将会改变你的工作态度。

在职场中，只有弄清楚你的客户群体是谁，你才能把握好自己应该做哪些工作及这些工作的方向，才能更好地判断工作的价值。

职场生存的黄金法则

当你锁定自己的"客户群体"后,接下来的重点是如何为这群"客户"提供服务?在这里,请你牢记一条职场生存的黄金法则——用户思维。

用户思维是指从用户角度出发,站在用户的立场上思考问题。

在腾讯,马化腾曾说过"产品经理最重要的能力是把自己变为傻瓜";微信掌门人张小龙强调"一切以用户价值为归依"。

用户思维是一个产品经理做产品时最核心、最基础的思维。其实,无论你身处任何岗位,用户思维都是你与别人进行协同合作的基础。用户思维是贯穿本章最重要的思维方式。

1. 企业外部客户——一切工作以外部指标为标准

企业外部客户指的是购买或使用公司产品或服务的客户。这一部分比较容易理解,就是俗称的"甲方"。比如,销售人员、客服人员每天打交道的对象就是企业外部客户。而技术人员、文案人员和行政人员,虽然几乎不需要和外部客户直接打交道,但同样需要服务企业外部客户。

无论你是否直接和客户打交道,你的一切工作都要以为公司最终的客户提供价值为标准。管理大师彼得·德鲁克认为企业存在的唯一目的就是创造顾客。所以,企业内部所有的工作都必须用外部指标来评估，全体员工务必重视"为客户创造价值"，这是一家企业赖以生存的根本。让客户满意是一家企业生存的唯一理由。从个人角度来说，当你能够在"为客户创造价值"中利用自己的核心资源时，你的核心资源才有可能转化成绩效，你对公司而言才是有价值的，企业才愿意为你的能力买单。

这也是很多不直接跟外部客户打交道的员工，如技术、产品、生产等部门的员工最容易忽视的地方。借用查理·芒格的一句话，"手里拿着锤子，看什么都像是钉子"。也就是说，你会以自我为中心，你会因为能做什么或者能做好什么，而去选择做什么，甚至会有路径依赖心理，习惯做什么就一直做什么，而没有考虑客户需要什么。但是，企业发展是以外部指标来衡量的，企业里每一个人所付出的努力都必须通过客户最终购买或使用产品和服务才能转变为收入和利润。

无论你在什么岗位上，如果你不以客户价值为标准，那么你可能会成为裁员潮中第一批被裁掉的人。因为你没有瞄准客户需求，所以你的工作会越来越被边缘化，你创造的价值对于公司来说会越来越小。不管你是什么岗位，都要养成这种思维习惯：时刻瞄准市场和客户需求变化，以直接或间接为外部客户创造的价值来衡量自己的工作成果。

2018年，凯文入职了一家互联网公司，担任产品专员的职位，他平时话很少，在公司、在团队中也没什么存在感。

但是，在一次产品研发会议上，凯文的表现一鸣惊人。连公司老板都说："我以前怎么没发现你这个人才呢？"

凯文到底做了什么？

在产品研发会议上，大家针对产品功能迭代升级展开了讨论。每个人都提出了自己关于产品新功能的建议，但所提议的功能要么被大家认为是"鸡肋"，要么技术实现难度太大，要么研发周期太长，统统被老板否决了。最后，凯文站起来了，说："我们是一款帮助用户提升效率的笔记软件，可以让用户随时随地在线编辑。但是，笔记写多了以后就出现了一个问题，用户想找到自己以前记的笔记很难。我们是不是可以在 App 上做一个分类的功能，使每个笔记都可以添加标签。比如，用户看到一个关于管理团队很有意思的案例，便可以把这个案例记下来，然后添加两个标签：管理、案例。这样，用户下次再找的时候，只需要搜索相关标签就可以找到。另外，我还希望有拍照以及上传图片的功能。比如，用户看到一个很长的内容，或者别人分享给他一个不错的图片，他想保存下来，放在自己的笔记里面，直接拍照或者上传图片就可以了。这样会方便很多。"凯文发表完自己的看法，又默默地坐回到了自己的座位上。3 秒后，老板带头鼓掌，会议上所有的人也都为凯文热烈鼓掌。

凯文的提议得到了采纳，半个月以后，产品设计部门协同技术部门就把这两个功能上线了。因为这一次产品的迭代升级，App 的用户量实现了较大的突破。

凯文这一次的发言，让他一下子成为大家眼中的"点子王"，他提的很多建议都受到了用户的青睐。每次一到关于产品的讨论环节，老板都会来一句："凯文，你有什么看法吗？"两年后，凯文从产品专员晋升为初级产品经理，而后又被晋升为现在的高级产品经理，已经能独立负责一个产品的整体设计工作了。

凯文的提议之所以能屡次被采纳，受到用户青睐，就是因为他在关注用户体验、用户价值后才提出产品设计方案。他以用户为中心，一心为用户创造价值，所以也就为公司创造了价值。虽然当初凯文作为产品专员，并不需要天天和企业外部的客户直接打交道，但他很清楚自己所设计的产品是给谁使用的，企业外部最终使用产品的用户才是自己至关重要的客户。

所有的职场人，无论直接跟外部客户打交道，还是间接为外部客户提供服务，一定都要从用户的角度出发。在这里，我再次强调：企业内部所有的工作必须要用外部指标来评估。企业全体员工务必重视"为客户创造价值"，这是一家企业赖以生存的根本。

2. 工具方法：学会写用户故事

被誉为"Scrum之父"、《敏捷革命》一书的作者杰夫·萨瑟兰说过，当你面对一项任务时，要学会从用户的角度来考虑用户渴望得到的功能。他称之为"用户故事"。事实上，你的任何一项工作内容，都要学会从用户的角度来考虑他们的需求以及他们渴望得到的结果。

台塑集团创始人王永庆年轻的时候在米行做工,经常给附近的居民上门送米,和其他工人做法不同的是,他每次都会暗暗记下顾客家里米缸的容积和其家中的人数,估算下一次送米的时间,在顾客家中米缸快见底的时候主动上门送米。拥有用户思维,在任何岗位上,你都能比别人做得更成功。

想要写好"用户故事",需要考虑三个要素:用户、用户动作和用户动机。

第一个要素:用户

我们要思考:谁要用这个功能?谁要用这项服务?这项任务是为谁而做的?做这个东西、做这项决策,我们应该从谁的角度出发?

第二个要素:用户动作

我们要思考:用户想要完成怎样的动作?我们要完成什么样的功能,做出什么样的服务,可以尽可能地方便用户完成这些动作呢?比如,以凯文的案例来说,用户通常想从一堆笔记中快速找到自己想要的笔记。需要思考的是,什么样的功能能够满足用户的需求呢?凯文想到的是为每条笔记添加两个或者更多的标签。

第三个要素:用户动机

我们要思考:用户为什么需要这个功能、这项服务?如何改进这个功能、这项服务才能给用户创造价值？只有为用户创造价值，你的产品或者服务才有商业价值，这是最重要的一步。

比如，你是一家准备在办公写字楼密集区开餐厅的老板，该怎么从用户、用户动作和用户动机三个要素来思考呢？

第一种情况：我是辛辛苦苦上了半天班的职场人（用户），只想点外卖（用户动作），不想出门吃饭（用户动机）；

另一种情况：我是追求健康的职场人（用户），我想吃低热量的健康美食（用户动作），吃饭长胖会让我很焦虑（用户动机）。

这两种情况的描述都是针对吃饭这一相同的需求，但是包含的三个要素完全不一样。

对于第一种情况，用户的特点是工作比较累，没有时间、没有精力，或者只是怕中午出门被太阳晒，所以不想出门吃饭，只想点外卖。那么如果你是餐厅老板，要满足这三个要素，餐厅应该开成什么样子呢？

首先，餐厅选址要离办公区域足够近，外卖送达的速度会比较快；其次，既然主打外卖，外卖的包装上要花心思，提高包装"颜值"；最后，准备的菜品也要方便外送，尽量避免汤水溢出。这样，你就满足了适用第一种情况的用户思维三要素，用户当然会更愿意选择点你家的外卖。有人问，这样不就提高成本了吗？当然不是，可以在不属于这三要素的需求上来节省成本。比如，餐厅选址可以找不显眼的位置，也不需要太大的面积等。

再看第二种情况：用户变成了追求饮食健康的职场人，他选择餐厅的动机是追求健康，害怕长胖。在此之上，可能还有一些隐藏的动机，如口感的需求、炫耀的需求等。因此，如果你是餐厅老板，该怎么满足这三要素呢？

首先，你要为这类用户准备更健康的饮食，营养搭配均衡，用一些方式明确地告知用户，比如给每道菜标注卡路里；其次，菜量的大小不是主要考虑要素，但要摆盘精美，能够满足用户炫耀的需求，另外，无论是店内装潢还是外卖包装，都要选择统一的且更有活力的风格；最后，切记不要因为追求健康而丢失菜品的口感。从用户思维角度出发，一定要牢牢把握住健康的概念，退一步来说，你为用户准备的起码是看起来更健康的饮食。

所以，用户同样是来吃饭，但需求是完全不一样的。只有想清楚用户、用户动作和用户动机这三个要素，你才能写好"用户故事"，才能清楚地知道自己目前最重要的工作方向、工作目标是什么。

任正非对于华为内部员工的要求是，讨好客户，不需要讨好领导。

他说："我不怕大家批评我，有人批评我是好事。员工以后最重要的不是要看我的脸色，不要看我喜欢谁、骂谁，你们的眼睛要盯着客户。客户认同你好,你回来生气了,就可以到我办公室来踢我两脚。你要是每天看着我不看着客户,哪怕你捧得我很舒服,我还是要把你踢出去,因为你是从公司吸取利益,而不是奉献。因此大家要正确理解上下级关系,各级干部要多听不同意见。"

在公司,你的价值等于你为客户创造的价值。

作为职场人,无论你和外部客户是直接打交道还是间接打交道,都要去思考:如何才能创造更多的客户?如何才能为客户创造价值?

3. 企业内部客户

在企业内部,你为谁提供服务,或者谁依赖你的工作,谁从你的工作中获益,这些人都是你的客户。我在这里特意强调,你一定要把这些人的名字写下来,因为你很容易会忘记这些人也是你的客户。

上级领导是你最大的内部客户

在公司中,和我们关系最紧密的就是自己的直属领导,你需要向他汇报工作,并在他的带领下达成工作目标。很多职场人不会处理和领导的关系,有的人把领导当成权威,对领导言听计从,没有自己的思考;有的人认为领导不如自己,和领导针锋相对，结果逐步被边缘化。那么，最好的做法是什么呢？答案是，你应当把领导当成客户。

丽娜是一名平面设计人员，最让丽娜崩溃的事就是根据领导的需求修改设计方案。在丽娜看来，领导总会提出一些她认为不太专业的需求，破坏她的设计美感。领导的需求，在丽娜眼里就是"五彩斑斓的黑"，极其不专业。有一次，丽娜把设计好的海报图片交给领导检查，但领导否定了她的设计方案，让她修改了整体的风格。最终的结果是，虽然这个海报排版不精美，呈现的信息却更加聚焦、更吸引人，投放后的转化率也更高。

事实证明，丽娜的领导之所以能在这个位置，一定有他的过人之处。丽娜的思维需要转换过来，把她的直属上司当作客户，为他提供满意的服务。

陈春花教授在组织研究中曾得出一个研究结论：一个人在工作中能否取得绩效，72%取决于他的直接上司，他本人决定绩效的比例只占28%。所以，把你的领导当成客户，帮助领导达成工作中的目标，就是在帮助自己达成工作目标。

1. 了解上级的规划

在你职业生涯的每个时间段，你都可以根据本书所提供的方法和工具，做出自己的职业发展规划。明确职业发展规划后，你会有明确的努力方向。但是，要想达成自己的目标，实现自己的职业规划,还有一件更重要的事情,而这件事往往容易被大多数人忽略,那就是了解公司的发展规划以及你的上级领导的发展规划。有句俗话叫"干活不由东,累死也无功",如果你与公司、与上级领导努力的方向不一致,就算干得再辛苦也可能是做无用功。

怎么才能了解上级领导的发展规划呢?最简单、直接的方法就是开口问。当然,你不能直接问,作为下属,直接和领导谈论这方面的内容是一种冒犯。你可以这样问:"领导,您刚工作的时候是怎么要求自己的?是怎么给自己做规划的?我感觉我要学的东西太多了,但是又不知道该学什么、怎么学,您觉得我应该在哪个方向努力?"用学习请教的口吻来提问,会让领导听起来更舒服,他也会更愿意给你解答。他到底是想让你往管理型人才方向发展,还是往专家型人才方向发展,这个时候都会为你指明方向,你只要按照这个方向努力就行了。

在你了解了上级领导的规划后,最好还能多了解领导目前的处境,以便更容易帮助上级领导达成目标。如果你是领导者或管理者,那么你则需要根据本书提供的方法和工具,为自己做一个明确的职业生涯规划,使你的下属能够清晰地看到并跟随着你,否则他们会失去干劲甚至离你而去。

作为职场人,我要提醒你的是,你、你的上级领导和你所在的公司其实是三方利益体,你的上级领导并不完全代表公司利益,你要找到三方的共同利益,也就是说当你的个人目标达成的时候,将支持团队目标的达成,同时也有助于公司目标的达成。

2. 判断上级工作任务安排的目的和意图

你一定要清楚，上级领导让你完成一件任务的原因是什么，背后的目的和意图又是什么。

就像情侣在相处中，男生往往不理解女生的真正想法。

一对情侣刚刚吵过架，好不容易和好了，相约一起去逛街。走着走着，女生看到一家甜品店有很多人都在排队。这个时候，女生说："亲爱的，我也想吃，你能去排队帮我买吗？"

男生说："你想吃，我们去旁边那家店吧，看起来都差不多，还不用排队。"

女生一下子就不高兴了，沉下了脸，男生也感到莫名其妙，不知道哪里又惹到了她。

这样的情形在情侣之间经常发生，最后双方大概率又要吵起来了。这名男生的做法看似没什么问题，但是他却没有了解清楚女朋友真正的需求是什么。

这名女生真正的需求是什么？

是饿了吗？是想吃甜品吗？

都不是。这对情侣刚刚吵过架，女生正处于缺乏安全感的时候，此时她真正的需求是想让自己的男朋友证明对方爱自己，证明的方法就是看对方愿不愿意为了自己花费时间，甚至顶着烈日去排队。

结果男生说，排队浪费时间，女生一下子就不高兴了，因为男生没有满足她真正的需求。

对待上级领导也是一样，你需要去了解他让你做这件事的目的是什么，意图是什么。

比如，你是一名秘书，你的领导让你订一张今天下午去广州的机票。当你订票的时候，发现今天的票已经卖完了，但是明天的票还有，这个时候，你选择订还是不订呢？你并不确定，随后就去问领导。刚好领导在忙别的事，没顾上回复你。等过了几个小时，领导才说订明天的票也可以。你又跑去订票，结果真不巧，明天的票也卖完了。这时，你是否要去订后天的票呢？如果你没订票，领导会认为你能力不行，这么点小事都干不好；如果你订了后天的票，领导也可能说你耽误行程了，做事鲁莽。这就是没有了解清楚领导真正的目的和意图。

领导真正的目的是什么？是订机票吗？并不是。之所以订机票，是因为领导后天要去广州出差，他真正的目的是在后天之前到达广州。如果你能在完成领导交代的任务之前了解清楚背后的目的和意图，那你就可以想到其他解决方案，可以在自己权利范围之内做出更好的决策。比如，没有买到机票，你是不是可以买火车票？所以，当领导只交代了任务，而没有说明背后的目的和意图时，你要去主动询问："领导，您订机票是有什么安排吗？最晚要在什么时候到达呢？到达目的地后的行程计划和安排是什么？如果没有机票是否可以选择其他出行工具呢？"多问问为什么，判断清楚领导的目的，把握好领导的意图。

3. 争取上级的资源

一位父亲看着自己的孩子推石头，怎么推都推不动。父亲问："你用尽所有力气了吗？你想尽所有办法了吗？"小孩说："我已经用尽全部的力气了，也想尽所有办法了。"父亲说："不，你还没有向我寻求帮助。"

很多工作不是靠你自己的力量或者你团队的力量就可以搞定的，这个时候你一定要向你的领导、你的上级寻求帮助。上级的资源，能争取的一定要争取。

一项重要的工作任务，领导是愿意交给你还是交给别人呢？有时间的时候，领导是愿意找你谈话并指点你工作，还是更愿意找别人呢？

我们该怎么向上级争取更多的资源呢？

你首先要做的就是成为上级领导眼中的优秀员工。一般而言，公司的优势资源是向优秀员工倾斜的。但是如果你没有优势资源，怎么成为优秀员工呢？如果你现在还没有成为优秀员工，你可以向上级领导承诺，只要公司给你更多的支

持，你将创造更好的结果。但是请注意，你必须兑现自己的承诺，奢望上级领导一下子将所有的资源都给你，这不现实。换位思考下，上级领导凭什么信任你呢？记住一句话，所有的大成功都是由小成功累积起来的。先向上级领导要小资源，承诺在这个资源条件下，会创造出更好的结果，这个过程会帮助你积累影响力，这样你才有机会一步一步争取到更多的资源。

试想下，如果领导每次给你资源，你都能创造出比别人更好的成果，那他愿不愿意把更多的资源向你倾斜呢？我想，他一定是愿意的。但是，请牢记，你做出的每一次承诺都要有结果，这是你累积信用的过程。

4. 明确上级的"雷区"

你一定要了解清楚，你的上级不希望你做的事有哪些，哪些事是他的"底线或雷区"，你要尽量避免做这些事。

不要一遇到问题就把它推给别人，不愿意负责任；

不要把时间都花在揣摩领导的喜好上；

不要直接跳过直属上司找上级领导越级请示；

……

这些行为都是职场大忌，你最好不要去触碰。

像对待外部客户一样对待同事的需求

除了你的上级领导外,跟你工作上有交集的同事也是你的内部客户。

有人认为我只要完成自己的本职工作就可以了,至于同事提出的需求,我帮助是情分,不帮助是本分。如果你这样想,那就错了。其实,这些跟你工作有交集的同事也是你需要服务好的客户。

杨莉是一名招聘专员,她所在公司的营销部门需要增加两名销售经理,随即向人力资源部提出需求,要求招聘的销售经理至少有三年以上的行业工作经验,并且需要她在十天内完成招聘任务。杨莉一开始认为,我每天都在更新招聘信息,也努力打电话约人来面试,我已经完成了我的本职工作,但现在是求职的淡季,十天就招到合适的人并不容易,招不到人也不是我的责任。

后来人力资源部门的负责人跟杨莉沟通:"你看,咱们公司的销售部门、客服部门每天都在想着怎么才能服务好我们的客户。我们部门也一样,我们也需要服务好客户,有招聘需求的用人部门就是我们的客户。我们应该考虑,怎么样才能达成'客户'的需求,所以我们要想尽一切可以找到销售经理的办法。"

两天过后,杨莉找到部门领导请示,我们是不是可以向总公司或者子公司借调销售经理，或者可不可以通过内部员工有奖推荐、朋友圈发布招聘通知等方式招人。领导听完后，觉得杨莉的建议很好，可以执行。结果在第九天的时候，杨莉果然帮助营销部门招到了合适的销售经理。

下属的满意度决定了敬业程度

如果你是公司管理者，甚至是公司创始人，你不仅需要服务好公司外部客户，还需要服务好公司内部客户，你的下属和员工也是你的内部客户。

很多管理者都在努力提高外部客户的满意度，却忽视了内部客户的需求。但其实，要服务好外部客户，离不开忠心耿耿的内部客户，因为内部客户是一线员工，他们是直接或间接与外部客户打交道的群体，内部客户的一言一行都影响着外部客户的满意度。

联邦快递发现，当本企业内部员工的满意度提高到80%时，企业外部客户的满意度能达到95%。所以，管理者需要为内部客户提供服务。比如，看重员工的成长、培养员工的能力、重视员工的身心健康等。

想要判断你的下属、员工的满意度高不高，你可以使用下面这12个问题：

1. 我知道公司对我的工作要求吗？

2. 我有做好我的工作所需要的材料和设备吗？

3. 在工作中，我每天都有机会做我擅长做的事吗？

4. 在过去的七天里，我因工作出色而受到表扬了吗？

5. 我觉得我的主管或同事关心我的个人情况吗？

6. 工作单位有人鼓励我的发展吗？

7. 在工作中，我的意见受到重视了吗？

8. 公司的使命／目标让我觉得自己的工作重要吗？

9. 我的同事能够致力于高质量的工作吗？

10. 我在工作单位有一个最要好的朋友吗？

11. 在过去的六个月内，工作单位有人和我谈及我的进步吗？

12. 过去一年里，我在工作中有机会学习和成长吗？

这12个问题来自盖洛普公司的一项研究发现：员工的敬业程度与员工的满意度相关，只有公司管理者回答好了员工的这12个问题，员工才会全力以赴为公司做出更大的贡献。我建议你把这12个问题写下来，好好思考一下，关于每个问题，你打算怎么做？

当然，针对这12个问题，我特意用了六个月时间研发，在壹创新商学App上推出了一套课程——《伟大管理的12阶梯》，通过解决日常管理中遇到的常见问题，帮助你更系统地建立起管理的知识体系，支持想成为卓越领导者、管理者的你，打造一支战斗力超强的王牌团队。

很多时候，管理者只是一味地要求下属敬业工作，却忽视了员工的内心需求，忽略对员工内心诉求的响应，这都是因为缺乏将下属当成内部客户的意识。只有懂得栽培和成就下属、不断发现员工优势并为其匹配合适岗位，使其才能在岗位上得以绽放的领导者、管理者，才能帮助员工创造更大的价值，达成团队目标和公司目标。

小结

被誉为"互联网先生"的思科前CEO约翰·钱伯斯说："使公司陷入困境的两个主要原因，一个是远离客户，另一个是远离员工。"

对于个人而言也一样，没有客户思维，不站在客户角度考虑问题，远离客户，远离上级、同事、下属，一定也会让你在职业发展中陷入困境。你要永远记住你的客户群体都有哪些人，你能帮助谁，你提供服务的对象是谁。从现在开始，把他们的名字写下来，贴在你的办公桌上，贴在你一抬头就能看到的地方，然后每天问自己有没有为他们提供更好的服务，创造更大的价值。

第四章
价值服务

一张画布重塑你的职业生涯

> 天生我材必有用，
> 千金散尽还复来。
> ——《将进酒》，李白

价值服务，是个人商业模式画布中的第四个模块，是指"我怎样帮助他人"。

你可以先问自己两个问题："客户请我完成什么样的工作？完成这些工作会给客户带来什么利益？"考虑清楚这两个问题就能够梳理出你自己的价值服务。学习这个模块对于个人的职业发展非常重要，因为它决定了你的核心竞争力，甚至决定了你的薪资水平。

你是金子还是石头？

一位自以为颇有才华的青年因得不到重用，非常苦恼。他愤愤不平地质问上帝："命运对我为何如此不公平？"

上帝带他来到了海边，海边有许多大大小小的鹅卵石。

上帝从海边随便捡起一块小鹅卵石，向不远的地方扔了出去，随后问青年："你能找到我刚才扔下去的那块鹅卵石吗？"

"不能。"青年摇了摇头。

上帝把手指上一枚极其精致的金戒指取下来，像扔那块鹅卵石一样，又向不远的地方扔了出去，随后问青年："你能找到我刚才扔下去的金戒指吗？"

"能。"青年不一会儿就找到了在阳光下闪闪发光的金戒指。

"你现在明白了吗？"上帝问道。

青年犹豫了一阵，猛然醒悟："明白了！当我抱怨自己怀才不遇的时候，我还只不过是一块小鹅卵石，而远远不是一块金子。"

上帝又带他到了垃圾处理站，让他把金戒指埋在垃圾堆里，然后又让他把金戒指找出来，并冲洗干净。

"你现在明白了吗？"上帝又问道。

青年沉思了一阵，没有把握地回答："差不多。世界上没有绝对的公平。金子也有被埋没的时候，但金子毕竟是金子，冲洗干净之后仍然是闪闪发光的金子。"

上帝又满意地说："很好！废物放对了地方，可能成为宝贝；宝贝放错了地方，可能成为废物。即便你是一块货真价实的金子，也应经得起形形色色的考验。"

上帝又带他到了黄金市场，让他到几家商店打听一下这枚金戒指能卖多少钱。

青年打听完了之后告诉上帝："各家的说法不一，价格相差也很大。"

"你现在明白了吗？"上帝又问道。

青年不假思索地回答："市场的价格是围绕着价值上下浮动的。即便我是一块货真价实的金子，大家对我价值的认可程度也不会一样。"

上帝再次满意地说："不错！别人怎样看待你的价值并不重要，重要的是你自己怎样看待自身的价值。一个人真正的伟大之处，就在于能认识到自己的优势和不足，并善于挖掘出自身的潜能，经营好自身的价值。"

在一个团队、一家公司，怎么才能创造并经营好自身的价值呢？接下来，我们来学习并了解这个模块：价值服务。

价值服务是什么

价值服务是指"我怎样帮助他人"。你可以先问自己两个问题:"客户请我完成什么样的工作?完成这些工作会给客户带来什么利益?"考虑清楚这两个问题就能够梳理出你自己的价值服务了。学习这个模块对于个人的职业发展非常重要,因为它决定了你的核心竞争力,甚至决定了你的薪资水平。

值得注意的是,这里所提到的客户就像我在上一章讲到的一样,既包括公司外部客户,也包括公司内部客户。深入思考一下,你到底能为你的客户创造什么价值?你的上司让你来到公司希望你做什么?你的同事又为什么需要你?

如果你是一位客服经理,你的价值服务对于外部客户来说,是能为他们提供及时、优质的服务;对于内部客户来说,可以是通过对外部客户的服务,收集客户需求信息,反馈给生产和研发人员有价值的市场信息,帮助公司完善产品和提高服务品质;如果你是售后服务人员,也可以通过在售后服务中客户的反馈,去优化售前服务的流程;如果你有下属,还需要培养下属,提升下属的专业能力。这些都是你所提供的价值服务。综上所述,价值服务最重要的一点就是帮助他人。

注意,很多人会把前面所讲的个人商业模式画布的第二个模块"关键业务"(我要做什么)和"价值服务"(我怎样帮助他人)混为一谈,这样很容易把自己的工作价值降低,也很难产生工作的激情。

张健是一名人力资源专员，他认为自己在工作中游刃有余，人力资源管理工作无非就是审核考勤记录、发布招聘信息、安排新员工入职等。张健每天都能按时上下班，时间长了，他觉得自己的工作一点挑战性都没有，甚至怀疑自己是不是入错了行。后来，在公司的一次内部培训上，张健填写自己的个人商业模式画布时，在价值服务一栏写的是"审核考勤记录和招聘"。

我问他："你的价值服务和关键业务之间的区别是什么呢？"

"是……"张健被问懵了。

我又接着问他："我换个问题，你做的这些事情能够给公司带来什么？"

张健说："能给公司招来优秀的人才。"

"对呀，这才是你的价值服务，审核考勤记录和招聘只是你的两项关键业务，你的价值服务应该是为公司招聘优秀的人才，以保证公司的核心竞争力。"张健听完这段话瞬间来了兴致，原来并不是工作没有挑战，而是没有找准自己能提供的价值服务。

后来，张健开始思考如何能为公司招来优秀的人才并且留住人才，他开始考虑什么样的薪资结构是优秀的员工更愿意接受的，同时也能为公司带来更大的价值。比如，"底薪＋绩效"的方式是不是可以改成"底薪＋绩效＋奖金"的方式。他还找到每一个新加入公司的员工以及主动离职的员工谈话，分别了解原因和他们内心真实的想法，找出员工工作变动的共性问题并拟定了一系列解决方案。当张健明白了自己的价值服务并不是简单地记录考勤和招聘后，他就不再认为自己的工作已经做到完美了，而是会不断发现其中的问题并提出解决方案。

在职场中，你的价值是根据你最终提供给客户的价值来衡量的。也就是说，当一家公司决定是否聘用你时，它考虑的是你为客户提供的价值是否远远大于公司为你支付的工资。

你的核心竞争力来自哪里

从思维上转变，创造独特价值，打造核心竞争力，提高不可替代性。

成就他人才能更好地成就自己！我们需要从只看重眼前利益，只关注个人得失，走向愿意主动帮助他人，支持他人。

我曾经看过媒体采访张一鸣的一篇文章。他从南开大学毕业后，加入了酷讯。一开始，他只是一名普通工程师，但一年以后，张一鸣就开始在公司管理几十人的团队，负责所有后端技术工作。同时，也负责很多产品相关的工作。张一鸣说他在第一份工作中成长这么快，并不是因为他的技术能力是最好的，也不是因为他有经验，而是因为他在工作中秉持一个原则：工作不分你我，做事不设边界。张一鸣在做完自己的工作后，对于大部分同事提出的问题，只要他能帮助解决，他都会去做。张一鸣说："当时酷讯大部分代码我都看过了。新人入职时，只要我有时间，我都给他讲解一遍。通过讲解，我自己也能得到成长。"当时，张一鸣虽然负责技术，但其他团队遇到产品开发上的问题时，他也会积极地参与讨论、思考解决方案。很多人说，这个不是他该做的事情。但是，张一鸣却说："每一件我'不该'做的事都让我得到了很大的锻炼：参与产品开发的经历，对我后来转型做产品有很大帮助；参与商业决策的经历，对我现在经营公司很有帮助；跟销售总监见客户的经历，对我组建今日头条的销售团队很有帮助。"

张一鸣的经历就很好地诠释了"成就他人，才能更好地成就自己"这个道理。

从利己主义转变为利他主义，这一思维的转变对于你梳理自己的价值服务非常重要。很多人在职场上有一个错误的认知，有时候会因为感觉自己被抢功、被利用了而心生愤懑。比如，自己辛苦加班做的策划案，被领导直接拿去用了，这套方案在大会上获得了表扬，而领导都没来得及提你的名字。你会觉得很沮丧，瞬间失去动力，并抱怨不公平。但其实，"你在职场中被利用说明你有价值"，如果别人连用都不用你，你还有什么价值呢？所以被人利用不可怕，可怕的是你没有任何被利用的价值。

在这里，我把"利用"这个词当成中性词来解释，因为从某种意义上讲，我们在职场就是在创造被"利用"的价值。我们也通过被"利用"的过程,来交换我们想要的薪酬、待遇、荣誉等。所以,如果你今天还不够成功,是因为你创造的价值还不够大,或者说,如果你今天还不够成功,是因为你帮助的人还不够多。

对外部客户也一样,同样需要从"利他",也就是"利客户"的角度来考虑问题。满足客户的需求,这就是一种利他。任何人在职场中或者商业环境中的行为首先应该是利他,为客户创造利益、创造价值,然后公司才会得到回报,自己才会得到回报。我在前面讲"客户群体"的时候说过"用户思维",以"用户为中心",这其实就是"利他"思维。

贯穿"价值服务"最重要的一点就是"利他"思维,无论对外部客户,还是内部客户,你的上司、你的同事、你的下属、你服务的客户,你连接的"他/她"越多,帮助和服务的"他/她"越多,成就的事业也就越大。

《道德经》中有一段话:天长地久。天地所以能长且久者,以其不自生,故能长生。是以圣人后其身而身先,外其身而身存。非以其无私耶?故能成其私。这段话的意思是:天地之所以能够长久,是因为它们的一切运作都不为自己,所以能够长久。所以有道的人把自己退在后面,反而能赢得爱戴;把自己置之度外,反而能保全自己。正是因为他不自私反而能成就他自己。

有意思的地方在于,中西文化在这里融会贯通。"价值服务"背后蕴含着为人处世的大智慧。从今天起，请用"利他"思维武装职场中的自己。我在创办聚商圈这个企业家社群的时候，请到了商界、学界中很多专家和导师来授课。很多企业家们问我是怎么结识人脉、整合资源的，我是这样回答的："如果我做对了什么，那就是当我面对任何一个人，浮现在脑海里的第一句话就是，我可以为'他'做什么呢？"

也希望你每天都会问自己：怎样帮助他人？怎样为更多人创造价值？而不是只看重眼前利益，只关注个人得失，只想向更多人索取。

与其索取，不如创造。

工作优先级，采摘"低垂的果实"

这一章的主题是"价值服务"，对个人而言，如果你对现状不满意，感觉自己在职场没价值，是因为你在一到三年前所选择的事情没价值造成的。你该怎样持续地做有价值的事，优先做最有价值的事，把最多的精力和时间放在最有价值的事情上面，你需要了解一个工作方法，确定工作"优先级"。

我先介绍一个经典的实验：一个教授拿了一个桶，准备装一堆大石头、一堆小石头，还有一堆沙粒。这个桶就像我们每个人的人生，大石头代表着事业、健康、家庭等重要的事，小石头代表着一些不是很重要的事，而沙粒则代表着一些日常琐事。教授让大家想办法把这些大小石头和沙粒全都放进桶里。同学们习惯性地先把小石头、沙粒倒进桶里，然后再往里放大石头，可是大石头还没放完，桶就满了，剩下的大石头怎么也塞不进去了。大家都很懊恼，说这个桶太小了，根本装不下全部的石头和沙粒。

教授笑而不语，把桶里的石头和沙粒全都倒了出来，准备重新装。只见教授先把大石头全都放到了桶里，然后再倒入小石头，最后又把沙粒倒了进去，让沙粒填充空隙。大家惊讶地发现，所有的石头、沙粒全都被装到了桶里。原来，放的先后顺序不同，会出现不同的结果。

你发现没有，很多时候，你感觉自己很忙，可是仔细想想，其实也没干什么大事。这都是因为我们做事分不清主次，把太多的精力浪费在了无关紧要的琐事上，而真正重要的事被拖在了后面。因为在无关紧要的小事上消耗了太多的时间，以至于我们没有时间精力顾及真正重要的事，最后只能让自己完不成任务。

著名领导力大师约翰·麦斯维尔说过，"最终成果的生产能力，是区分成功与否的分界线。"最终成果就是经营成果，要从市场的角度和客户的角度来定义。如果你是销售人员，要完成业绩、达成目标；如果你是生产人员，要保质保量完成生产任务；如果你是行政人员，要降本增效；如果你是管理者，就要想办法使成本最小化、收入最大化，持续创造客户，持续创造利润，这样公司才有竞争力。最终成果的生产能力决定了你的职场价值。

所以,你一定要记住一句话:忙碌不一定产生价值,有生产力才有价值。

"二八定律"告诉我们,在一天要处理的众多复杂的工作中,能产生价值的工作大约只占到 20%,但你应该在这里花费 80% 的时间。

你应该找到对自己最重要的 20% 的事情,把你的注意力和精力最大限度地投入到这些事情上。一段时间后,你会发现,你的工作效率会大幅提高,你创造的价值会呈指数级增长,这样一来,你在职场的核心竞争力才会更强,不可替代性才会更高。这才是你在职场"升值"最有效的途径。

一直致力于研究所有成功人士身上普遍存在共性的学者格雷发现,成功的决定性因素并不是辛勤的工作、不错的运气或者良好的人际关系,虽然这些因素对于一个人的成功有一定的影响,但都比不上一个更重要的因素,那就是"要事第一"。

什么才算是要事呢?什么样的要事应该排第一呢?

你可以问自己以下几个问题:

第一个问题:对外部而言,哪些事情对客户最重要?

第二个问题:对内部而言,哪些事情更容易实现?

第三个问题:从整体上考虑,哪些事情能带来增长和回报?

第四个问题：哪些事情能在更低的风险、更少的投入下，带来增长和回报？（注意，投入不仅有金钱，还包括时间）

这几个问题可以用"低垂的果实"这个词来总结，你要先去摘那些"低垂的果实"（既成熟又便于采摘的果子）。对公司来说，既有重要的商业价值又容易实现的事情；对个人来说，既能帮助公司、帮助团队创造更大的价值，又能发挥出个人"核心资源"价值的事情，这类事情就是"低垂的果实"。

如果你是公司负责人或管理者，上面的问题对你来说至关重要，因为团队成员做的所有事情都是基于你设定的工作目标，以及安排的工作任务。你可以根据上面的问题找到你们团队"低垂的果实"，确定工作优先级，更高效地达成工作目标。

小赵、小孙和小李三人来到同一家制造打印机的公司应聘推销员。

公司面试的题目是让他们三人在一天内充分展示自己的本领。大家都在思考，应该怎么展示自己的能力。三个人一起商量，小赵认为，最好的办法就是让不需要打印机的人也来买他们的产品，所以他决定找农夫去推销。小孙也从中受到了启发，他认为渔民也用不着打印机，所以决定找渔民去推销。

两人都做好了决定以后，问小李："你打算向谁推销打印机，来展示自己的能力呢？"

"我会去找最需要打印机的顾客。"小李回答道。

"这样怎么能展示出你的本领呢?最需要打印机的顾客,谁都可以推销成功。"小赵和小孙劝说小李也应该像自己一样选择最能展示自己能力的方法。

小李没有听小赵和小孙的建议,坚持选择自己的方式。

第二天,面试官让他们说说自己的推销结果。

小赵说自己用了一整天时间对一个农夫展开猛烈攻势,终于,农夫答应买下了一台打印机。

小孙也说明了自己是怎么用三寸不烂之舌,努力说服了一位渔夫买下了一台打印机。

两人都觉得自己的本事非常大,毕竟连不需要打印机的农夫和渔夫这样的顾客都被搞定了,而且他们也为此付出了自己所能做到的最大努力。

听了两人的回答,面试官点点头,然后问小李推销的进展。

小李没有急着回答自己是怎么推销的,而是拿出了几张订单,那几张订单是和几家办公用品经销商签订的,总共500台。

面试官感到非常惊喜,当场就决定录用小李。小赵和小孙对这个结果很不满意,他们觉得把打印机卖给办公用品经销商很容易,并不需要付出什么努力,根本展示不出小李的能力,若是能把产品推销给根本不需要的人才是真本领,而且他们为此付出了努力。

面试官回答他们：能力不是靠努力去做一些难以取得成果的事，而是集中精力去做最容易获得成果的事。公司也不会因为一个员工很努力而付工资，只会因为一个员工创造了价值而付工资。

小李之所以能被录用，就是因为他懂得先集中精力采摘"低垂的果实"。

我当年带领销售团队最大的心得就在这里。我发现，那些优秀的销售人员会懂得优先去跟进 A 类客户（有购买力、有决策权，还有强烈的购买意向的客户），他们懂得把 80% 的时间和精力放在最有价值的 A 类客户身上。而真正优秀的销售团队管理者也懂得把 80% 的时间放在团队中 20% 优秀的销售人员身上。在工作中，他们也懂得把时间尽可能地放在那些更有利于产生业绩和达成目标的事情上。这正是他们能够快速达成业绩目标，持续创造价值的关键。

平衡要事和急事的四象限法则

在日常工作中，很多时候，你知道哪些事情对你来说是重要的，但是，我们往往被迫需要处理一些紧急的事情。

段薇是行政部的经理，每天需要负责全公司所有部门成员的后勤保障工作，要保障大家有一个良好的办公环境，及时满足每个人的办公需求。在大部分人看来，行政是一个很轻松的岗位，不需要加班，也不需要为业绩发愁，但段薇的工作并没有这么轻松。她需要负责制定行政管理制度；比如，编制各项行政管理规章制度，并且对各项行政管理制度的执行情况进行监督。她需要管理办公用品等财产物资；比如，制定易耗品和行政固定资产管理制度，定期盘点公司各部门的办公用品并负责维修和保养，依据各部门提供的所需办公设备的申请表，安排人采购。她还需要协调行程安排、会议安排；比如，协调总经理的行程安排，还要组织安排公司季度、月度、每周的部门主管会议及其他各种日常会议。她也需要定期进行行政后勤保障（如安排打扫环境卫生）、文书档案管理、办公费用控制等工作。

段薇的工作琐碎而且工作量大，经常会遗漏其他部门的需求。总是出现这种问题：谁催得急，就先处理谁的事；谁催得没那么急，就等有空的时候再处理。时间久了，每个部门的人都在抱怨，行政部门似乎是跟谁的关系好就优先处理谁的需求。等到行政部门需要跟其他部门对接工作需要支持配合的时候，发现总是得不到支持和配合，结果和大家的矛盾越来越大。

到底应该怎么平衡要事和急事呢？

1. 怎么权衡要事和急事

给大家介绍一个工具——"四象限法则"，这是管理学家史蒂芬·柯维提出的时间管理工具，他把工作按照重要和紧急两个维度分成了四个类型。我们可以把每天或者一段时期需要做的所有事情按照四个象限来分类、归纳。横坐标代表紧急程度，纵坐标代表重要程度，如下图所示。

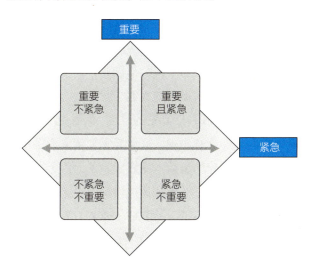

第一象限：重要且紧急。

"重要"意味着这件事的意义重大，如果没办好，可能造成严重的损失或者影响其他事情的顺利推进。"紧急"意味着，这件事有时效性，如果不马上去做，就错过了最佳时机，也可能造成巨大的损失或者让自己陷入被动。

比如，客服部门遇到了大客户的投诉问题，领导临时急需解决方案；临近截止日期要提交的重要报告等。这类事情通常被称为"危机"或"问题"。这类事情往往会让你不得不放下手上的一切事情立即去应对和处理。但是，你要注意，如果一味地做第一象限的事情，你会被危机和问题牵着鼻子走。

第二象限：重要不紧急。

这类事情虽说并没有那么紧急，但它关系到你的长远目标，所以是非常重要的事情。比如，明确使命愿景，制定目标与计划，梳理工作标准和流程，拓展人际关系，学习成长，锻炼身体等。这些位于第二象限的事情，你需要合理安排好时间并持续地推进下去。就像上面提到的大客户投诉处理，"紧急"处理后要去总结复盘，寻找背后真正的原因，然后做出流程规范，避免同类的投诉事件重复出现，这就是重要不紧急的事情。如果你每天都被一些琐碎的事情占据了大量的时间，就会忽略第二象限的事情。结果，要么无法达成目标，要么第二象限的事情转化成了第一象限的事情，又变成了重要且紧急的事情。比如，对于管理者来说，培养人才很重要。如果你没有培养人才，等到没人可用的时候，培养人才就变成了重要且紧急的事情。如果你不重视第二象限的事情，你很容易陷入恶性循环，最后导致每一件事对于你来说都是重要且紧急的事情，你每天都将面临巨大的压力。

第三象限：不紧急不重要。

这类事情可做可不做，你应该尽可能把更少的时间用来做第三象限的事情。

第四象限：紧急不重要。

这类事情往往催得很急，但没那么重要，或者没什么实际意义。比如，突然召开的临时会议。很多时候，你会在无意中把第四象限的事情当成第一象限的事情处理。这就像我们在前面的例子中说到的行政主管段薇,她会因为谁催得急而先处理谁的事,把最紧急的事放在了第一位,但其实应该遵守"要事第一"的原则,而不是"急事第一"的原则。你一定要判断清楚,你遇到的事到底是属于第一象限还是第四象限,如下表所示。

象限	第一象限	第二象限	第三象限	第四象限
类别	重要且紧急	重要不紧急	不紧急不重要	紧急不重要
解释	不仅重要,而且有时效性	虽然不紧急但影响深远	可做可不做,可用来缓解压力	因为时间紧迫,让我们误以为很重要
举例	急迫的问题 有期限压力的工作	职业规划 学习成长计划 制定年度目标	玩游戏 不必要的应酬	临时性的且不重要的工作安排,不重要的信息和电话
原则	提前预防 平衡投入产出 多是因为第二象限时间安排不合理	高度重视 有计划地做事 投资这个象限,避免工作进入第一象限	克制自己 尽量少做 偶尔放松一下可以,但不能沉溺于此	区分一四象限 授权他人去做 不要把紧急的事当成重要的事,学会授权
思考	真的有那么重要和紧急吗	如何避免更多事情落入第一象限	如何减少第三象限的事情	这些事情对我来说真的有必要吗

首先,你一定要避免陷入第三和第四象限的事情中,因为无论事情是否紧急,这些事情都是不重要的。

其次,如果你把工作优先级几乎都安排在第一和第四象限中的紧急事情上,说明你的所谓工作优先级其实是按紧急程度来安排的，这是一个巨大的陷阱。

最后，你应该把第二象限的工作优先完成，从而减少第一象限事情的数量。希望你在安排工作优先级的时候，尽量不要被当下的问题绊住脚，而要放眼未来，不要在各种各样的问题上浪费时间和精力，而要尽可能防患于未然。即使你有时候也会有危机和紧急事件需要处理，也要尽量控制这类事情的数量，平衡好投入和产出的关系。

2. 以成果为导向

我们凭借"利他"思维，从客户价值出发，找到了对于你来说真正重要的事情，也知道怎么安排工作优先级了，这样你才能够为你的"客户"（内部客户和外部客户）创造价值。那么，价值应该用什么来衡量呢？

你对于客户是不是有价值，取决于你的工作有没有创造客户想要的成果。也就是说，完成任务不等于有成果，不一定能产生价值。比如一名业务员，出去跑业务，跑了一天，很累很辛苦，水也没喝，饭也没吃，结果呢？没有产生任何成果。如果你是一名行政人员，公司让你找一个会议场地，你说我一天找了三个场地，第一个距离太远，第二个费用太贵，第三个交通不方便……这是什么意思呢？就是没有找到。你跟老板说，我没有功劳我也有苦劳啊，但如果员工都像你这么说，老板不就只剩下疲劳了吗？换句话说，我们为努力喝彩，但只会为结果买单。

目标管理工具：OKR 工作法

如何聚焦工作成果实现价值创造呢？给你分享一个特别实用的目标管理工具——OKR。

英特尔、谷歌、亚马逊、Facebook、华为、腾讯、字节跳动等很多公司都在企业内部实施了 OKR。OKR 的全称是 Objectives and Key Results，译为目标和关键成果。目标就是你想做什么事情，关键成果就是如何确认你做到了这件事。

OKR 让所有人都知道究竟什么才是对公司、对团队最重要的事，以及让你能够清晰地看到你对此做出了什么贡献。

试想一下，如果你知道对公司、对团队而言什么才是最重要的事，那你就可以把你的时间和精力放在这些重要的事情上，为公司、为团队做出贡献。久而久之，你就可能成为公司和团队中不可或缺的人，并逐渐实现自己的价值。

如何制定有效的 OKR 呢？

接下来，我将介绍 OKR 四象限法，这四个象限分别是季度 OKR（第一象限）、周工作（第二象限）、月计划（第三象限）以及影响因素（第四象限），通过下面这个表格，就可以让我们了解所有信息。这是目前我所见过的又好学又好用的一种 OKR 制定方法，在我们公司内部已经实践了两年，我把这个内容录制成了视频课程，放在了壹创新商学 App 上的壹创新学社的课程体系中，很多新员工进来照着视频学习，也很容易学会,很容易上手。

周工作(第二象限)	季度OKR(第一象限)
P1(必须做) P1 P2(应该做) P2	O1:(目标) KR1:(关键结果) KR2:(关键结果) O2:(目标) KR1:(关键结果) KR2:(关键结果)
月计划(第三象限)	影响因素(第四象限)

(注:OKR四象限法和"重要-紧急四象限法则"是完全不同的两个工具,注意不要混淆)

这个表应该怎么填呢?

1. 第一象限,季度OKR

OKR通常以季度为周期,如果时间太长,就不好规划每天的工作,如果时间太短,设置的目标则不好实现,所以设立以季度为周期的目标相对比较适中。在实践中,我们也可以以项目或者任务的总时长为周期来制定OKR。

我前面说过,OKR是指"O"(目标)和"KR"(关键结果)。

(1) O——Objectives（目标）

目标是对组织朝期望方向前进的定性追求的一种简洁描述。目标要回答的一个基本问题是：我们想做什么？

高价值的目标应该具备以下四个标准：

第一，鼓舞人心。

如果对你来说，提升10%的业绩是简单的事，那你就不应该把它设置成目标，因为这意味着你和过去比只是努力了一点点而已。但是，如果我告诉你我希望你业绩提升50%，你可能会说："这有点难，我需要好好想想怎么完成。"这才是你应该定下的目标，我们要把目标设置得更有挑战性。

第二，在可控范围内。

什么是在可控范围内呢？即在你的责任范围内。在创建OKR时，一定要清楚，你应当有办法独立去实现它。工作结果是你能掌控的，而且你要对此负责任。

如果将目标描述为协助销售团队达成业绩目标或者协助同事完成任务，那么这类表述都是有问题的。因为这不是在你的可控范围之内。如果你没有达成目标，你很容易把责任推给别人，你要找到你具体负责的事情。如果你是市场部专员，你就要思考如何协助销售团队达成业绩目标，以及你具体负责的事情是什么。比如，你的"O"可以是举办成功的市场推广活动获取有效的业务线索。

第三，有商业价值。

这条标准很容易理解，如果你的目标最终不能带来任何商业回报，那么也就没有必要耗费资源去完成它了。

就像一个领导者，他给自己定的目标是成为每个员工喜欢的领导。这听起来很美好，但是请思考，领导带团队的目的是什么，难道是要给自己组建粉丝团吗？

第四，定性的。

目标代表的是我们希望完成的那些事，因此我们往往用叙述性语句来描述目标。这个跟"KR"（关键成果）不一样，"KR"要求必须要量化，要求我们用数字说话或者用具体的时间节点来量化。但是"O"并不要求一定要量化，它往往是定性的描述。

一个销售运营团队制定了一个目标——"打造公司历史上最成功的销售推广活动"。为什么说它是一个好的目标呢？我们来一一检查确认。

鼓舞人心："最成功""公司历史上"这些词都很鼓舞人心，虽然有挑战性，但是有可能达成。

在可控范围内：销售推广活动完全在销售运营团队掌控范围内。

有商业价值：销售推广活动可以促进营业收入。

定性的："最成功"是一个定性的描述。

（2）KR——Key Results（关键结果）

"KR"的定义是衡量给定目标达成情况的一种定量描述。"O"回答的问题是我们做什么，"KR"要回答的问题就是我们如何知道是否已经达成了目标。

一个好的"KR"需要具备以下四个标准：

第一，定量的。

"KR"要用数字去衡量或者用时间节点量化工作的进度。比如，"一个销售人员每个月的业绩要达到100万元"就是一个定量的关键结果。

第二，有挑战性的。

设定目标的时候要有挑战性，"KR"也要求有挑战性。如果你制定的OKR是有难度的且有挑战的，为了达成OKR，你就需要做出一定的改变，要么提高自身工作效率，要么创新工作方式，要么寻找新的资源……无论哪一种，这对于你来说都是一种突破和提升。如果你是一位管理者，你设置的"KR"有挑战性，那么就可以激发团队成员的潜能，使大家做出与众不同的思考，提高成员的工作能力，这样能带来更好的绩效。

第三，具体的。

很多人会遇到这种情况，在传达一些任务的时候，由于没有描述清楚，导致听者理解错误。比如，一位人事部门经理，想要为公司制定新的员工晋升制度，帮助公司选拔更多的优秀人才，于是他在 OKR 中写道：发现更多优秀人才，但并没有向员工解释含义。结果他的下属很自然地认为领导是要招聘更多的人，于是便找公司每个部门的负责人，制定了招聘计划。

没有具体的描述，就会导致大家理解不一致。那么，这位人事经理应该怎么写呢？他应该写制定新的员工晋升标准，选拔更多的优秀人才。

第四，驱动正确的行为表现。

你的"KR"驱动的应该是公司和团队想要的行为，而不是害怕发生的行为。比如，一个客服经理，希望可以提高客户满意度，减少投诉，于是为团队制定了一个"KR"：降低客户投诉率。结果团队的客服人员，只要接到投诉电话，就承诺给客户让利、返现，最终投诉率是降下来了，但公司的收益也下降了，甚至还造成了价格体系的混乱。

很显然，这个"KR"的制定初衷是好的，但是却导向了一个完全相反的行为。所以，你一定要思考你的"KR"驱动的是否为正确的行为。正确的"KR"应该这么描述：提升客户满意度至 90% 以上。

2. 第三象限：月计划

你要注意，这里需要先填写第三象限，也就是先制定月计划。你需要根据季度 OKR 梳理出月度推进计划，也就是梳理出未来四周计划推进的重要事项。别人看到你的月计划，可以更清楚地知道该怎么支持你和配合你。

3. 第二象限：周工作

周工作，也就是第二个象限的内容。"P1"是必须要做的事情，"P2"是应该做的事情。在这个象限里，可能会同时存在多个"P1 和 P2"（P 为 Precedence 优先）。这里就要用到我前面讲的"确定工作优先级"的方法了。请记住：你要优先采摘"低垂的果实"。

4. 第四象限：影响因素

有人说，在完成月度、季度 OKR 这些时间跨度的计划时，中间会有很多我们意想不到的事情发生。比如，公司的人事变动、合作方的配合等。我们应该怎么办呢？

在第四个象限给大家预留出了位置，可以写一写影响 OKR 达成的因素，提前关注那些促进或者阻碍的影响因素，定期盘点影响因素，评估它的状况是否健康，避免亮起红灯。

为了便于理解，我们来填写一份人事经理的 OKR。

"O1"：招聘更多能满足公司发展的新员工，包括"KR1、KR2、KR3"。

"O2"：提高员工保留率，包括"KR1、KR2、KR3"。

周工作（P1必须做，P2应该做）	季度OKR
P1：统计各部门招聘人数及职位 P1：制定员工敬业度调查方案 P2：制定员工满意度调查表 P2：跟本部门重点员工进行绩效谈话	O1（目标）：招聘更多能满足公司发展的新员工
	KR1（关键结果）：制定一份全新的且详细的招聘方案（×月×日前完成）
	KR2（关键结果）：落实两家猎头公司的合作（×月×日前完成）
	KR3（关键结果）：重构内推计划（×月×日前完成），季度内将内推率提升10%
	O2（目标）：提高员工保留率
	KR1（关键结果）：进行员工敬业度调查（×月×日前完成）
	KR2（关键结果）：创建员工奖励计划（×月×日前完成）
	KR3（关键结果）：更新公司的薪酬和福利（×月×日前完成），确保市场竞争力
月计划	影响因素
制定招聘方案	员工对公司的满意度及部门主管的管理能力
进行员工敬业度调查，并进行详细分析，找到问题症结所在	猎头公司提供面试人员的数量及质量

月计划：制定招聘方案；进行员工敬业度调查，并进行详细分析，找到问题症结所在。

"P1"：统计各部门招聘人数及职位；制定员工敬业度调查方案。"P2"：制定员工敬业度调查表；跟本部门重点员工进行绩效谈话。

影响因素：员工对公司的满意度及部门主管的管理能力；猎头公司提供面试人员的数量及质量。

在OKR工作法的实战过程中还有以下两个注意事项：

（1）坚持"少即是多"的原则

"O"不要制定太多，高层领导负责范围比较广，建议"O"是3~5个；而员工负责范围比较小，"O"不要超过3个，甚至只需要一个。"KR"也不要太多，通常建议每个"O"下面有2~4个"KR"。总之，坚持少即是多的原则，OKR工作法的主要目的是为了聚焦目标。如果你制定的"O"太多，"KR"太多，大家要完成的事情太多，目标又如何聚焦呢！

（2）团队OKR和个人OKR，一定要保持上下左右对齐一致

什么是垂直对齐？即自上而下创建OKR，目标从顶层自上而下贯彻，而员工自下而上也会推动目标的达成。

什么是水平对齐？即不同部门之间目标统一，但又不重复工作。

换句话说，其实你的"O"就是你上级领导的"KR"，团队中每个人的"O"都实现了，上级领导的"KR"也就实现了，"O"自然也就实现了。如果所有部门的"O"都达成了，那么整个企业的"O"也就都达成了。

一家公司、一个团队最稀缺的资源其实是员工的注意力，我们要让公司上下和团队上下所有人，从领导到员工，每个人都聚焦在公司和团队最有价值的事情上，聚焦在公司和团队的核心目标上，这样才能为客户持续提供价值服务，这家公司才会越来越有竞争力。这个工具是我们公司在转型升级过程中最

有效的一个工具。它可以让公司、团队和员工迅速调整方向和打法，快速适应市场变化。

所以，我认为OKR工作法不仅适合移动互联网等新兴行业，也适合转型升级中的传统企业，因为它可以很快让公司上下达成共识，聚焦共同的目标，即"O"（目标），把握重点工作内容，即"KR"（关键结果）。OKR工作法是一个非常实用的目标管理工具。

小结

价值服务是指：我怎样帮助他人完成任务。你可以问自己两个问题："客户请我完成什么工作？完成这些工作会给客户带来什么好处？"考虑清楚这两个问题就能够梳理出你自己的价值服务。

通用电气原董事长兼CEO杰克·韦尔奇有一句名言："要想获得晋升，就要交出动人的、远远超出预期的业绩。"这句话一针见血地指出了在职场中个人的核心竞争力和个人价值的来源。

请记住，公司重用你是因为你值得！

第五章

渠道通路

一张画布重塑你的**职业生涯**

> 山不在高，有仙则名。
> 水不在深，有龙则灵。
> ——《陋室铭》

"渠道通路"是个人商业模式画布中的第五个模块，是指"怎样宣传自己和交付服务"，关注的是你向"客户"交付产品和服务的方式。包括网站博客、社交账号、邮件、论坛和广告等宣传自己的方式，以及提交书面报告、当面沟通、现场或线上远程演示、实物等交付服务的方式。

如何创造机会来展现自己的才华,实现自己的抱负呢?

网上有一个说法很有意思。

男生对女生说:"我是最棒的,我保证让你幸福,跟我好吧。"

——这是推销

男生对女生说:"我家有3套房子,跟我好,以后都是你的"。

——这是促销

男生根本不对女生表白,但女生被男生的气质和风度所迷倒。

——这是营销

女生不认识男生,但她的所有朋友都对那个男生夸赞不已,女生早已芳心暗许。

——这是品牌

学习本章内容可以帮助你创建自己的个人品牌,让你在职场中得到重用,让"你"这个品牌深入人心。

创建你的个人品牌

什么是渠道通路呢?

渠道通路原本是指对企业而言的分销渠道,是商品的流通路线。美国营销协会(AMA)对它的定义是:公司内部的组织单位和公司外部的代理商或经销商、批发商与零售商的结构。在个人商业模式画布中，我们借用了营销领域中渠道通路的概念，但针对个人而言，我们更强调，怎样宣传自己和交付服务，也就是怎样创造更多的机会来展现自己的才华，实现自己的抱负。

在职场中，我们每个人或多或少都曾经在脑海中有过这样的想法——"能力都差不多，凭什么他加薪了，而我没有""他工作才两年就升到了管理层，我能力比他强，凭什么不是我？这不公平"，如果你认为自己的工作能力比别人强，那么你有没有展现出来呢？

过去人们讲："酒香不怕巷子深"，卖产品靠的是质量和信誉。今天人们讲："酒香还要加吆喝"，因为竞争加剧，市场上的竞品太多了，你不为自己的产品吆喝就没有被选择的机会。另外，酒可以随着时间的推移而越发香醇，但你的工作技能很多都是有时效性的，不能抓住时机展现出来，很可能就"过期作废"了。

一家公司如何让别人知道自己的产品做得很好呢？营销宣传。个人也一样，你有能力、有才华，要主动展现出来，学会宣传和营销自己，让别人看到你的能力和才华。

你需要宣传自己和交付服务，让更多人看到你的才华。在这一章中，我要给你一个"撒手锏"，它是当今时代职场中生存的铂金法则，可以帮你高效建立职场中的竞争壁垒——创建你的"个人品牌"。你要知道，你的个人品牌，价值千万！

无论你是职场人还是自由职业者，你想要建立渠道通路，想要宣传自己和交付服务，就一定要有品牌意识，它会帮助不甘平庸的你更快地挖掘出个人价值，更快被"看见"、被重用、被追随，从而引爆人生！

SWOT 分析法：梳理出你的独特价值

我们要创建个人品牌，需要先给自己打一个品牌标签。打品牌标签之前要先诊断自己的现状，梳理出你的独特价值。

你可以用一个工具来进行全面盘点，即我们熟悉的 SWOT 分析法。SWOT 是 Strengths（优势）、Weaknesses（劣势）、Opportunities（机会）和 Threats（威胁）四个英文词语的首字母缩写。

SWOT 分析法本身是一个企业战略规划工具，最早是由哈佛商学院的安德鲁斯教授于 1971 年在其《公司战略概念》一书中提出来的。它通过对企业进行全面、系统和准确的解析，制定相匹配的发展战略，帮助企业把资源和行动聚焦在自己的强项和存在最多机会的地方。

在这里，我们使用 SWOT 分析法来进行个人的职业生涯规划，帮个人更全面和更系统地梳理自身的优势、劣势以及面对的机会和威胁，从而更精准地分析、定位自己的品牌，快速提升个人的"市场价值"。

具体应该怎么做呢？我们用以下矩阵的形式来一一分析。

因素	利于实现愿景目标	阻碍实现愿景目标
内部因素	S： 你最擅长的方面 你热爱的方面 你经常得到别人认同和肯定的方面	W： 你讨厌做的方面 你恐惧做的方面 你付出努力也做不好的方面 你信任的人认为你不擅长的方面
外部因素	O： 符合行业发展趋势的方面 拥有巨大市场空间的方面 目标客户最迫切需要的方面 你的竞争对手做不好的方面	T： 你感到焦虑头疼的方面 强有力的竞争对手 糟糕的人际关系 阻碍你职业发展的方面

1. 内因分析

S（优势）是指能够帮助你实现愿景目标，营造丰富人生的"资产"，也就是你拥有的"核心资源"。我在第一个模块中已详细介绍，包括教育背景、工作经验和资历、知识与专业技能、人际沟通能力、学习能力、个性特点（创新思维、积极乐观等）、人际关系等有形和无形的资源或资产。

在S这一栏中，你可以重点写出你擅长做的事，你热爱做的事，曾经令你取得成就的事，你的老板、客户、朋友、家人和同事经常夸奖你的方面。关于具体怎么找到优势，你可以对照第一个模块"核心资源"的内容来寻找自己的优势。

找到你的优势并不断聚焦优势,不断提升专业能力,然后把这项专业能力作为杠杆,撬动更多资源向自己靠拢。比如,我见过一个销售人员,他编写短文案的能力很强,通过这个能力吸引了大量的客户购买产品,并且成为销售冠军,因此获得了晋升机会,从而组建起了销售团队,成为团队管理者。

W(劣势)是指那些阻碍你实现愿景目标的因素。包括:工作经验和资历不足、专业知识和技能不足、通用技能(如管理能力、自控力和学习能力等)不足、抗压能力不足和人脉关系不足等。

在 W 这一栏中,你可以重点写出你非常讨厌做的事,你付出努力也做不好的事,你的老板、客户、朋友、家人和同事曾经提过的你不擅长的方面。

找到劣势,要敢于突破,千万不要害怕逃避。比如,你是运营人员,你的优势是会写文案,但是你的劣势是抓不准客户的痛点需求。那么你可以尝试让自己在劣势这个点上突破,通过做大量的调查问卷和客户访谈,或者向高手、专家请教,然后再去写运营文案,你会更容易找准用户的需求,写出的文案穿透力会更强。当你能够突破自己的劣势,你的个人竞争力就又上了一个新的台阶。

斯坦福大学心理学家卡罗尔·德韦克在《终身成长:重新定义成长》一书中提出了"成长型思维"的概念,即相信"人的才能是可以发展的"。它告诉我们，我们需要保持开放、拥抱变化、乐于接受挑战，不断地扩展自己的能力。拥有"成长型思维"的人会意识到，想要成功，就应该围绕目标去制定计划，去学习新的方法，最重要的是，想要改变就立即行动吧！

2. 外因分析

O（机会）是指有助于你的职业发展、个人成长的良好机会。主要包括：行业发展前景良好、有进修提升专业能力的机会、该领域人才缺乏所以急需人才、地域发展优势、新技术发展带来的新的职业发展空间和路径等。

在O这一栏应重点写出：符合行业发展趋势的、拥有巨大市场空间的、目标客户最迫切需要的、你的竞争对手做不好的方面。这些都是你应该去探索的发展方向，因为这些机会可以提高你的品牌竞争力和价值。

这些机会要与你的优势，即你的"核心资源"挂钩，千万不要随波逐流。比如，你看到大家都在运营微信公众号，觉得这是个很好的机会，便去运营微信公众号了。一段时间过后，你又看到大家转去拍短视频，你觉得这也是个不错的机会，便又去拍短视频了。再之后，你又看到大家都在做直播……职场中很多人就是这样，并没有把这些机会跟自己的优势挂钩，认真思考自己的"核心资源"。你的专业技能和经验是否能帮自己抓住这些机会，你的劣势会不会阻碍自己抓住这些机会，凡事要考虑清楚再行动!

T（威胁）是指对你的职业发展和个人成长产生负面影响的外在因素。主要包括：行业不景气，面临转行；经济低迷，就业机会减少；人才培养过剩，就业岗位竞争加剧；岗位学习成长机会少等。

在T这一栏应重点写出：令你感到焦虑头疼的、强有力的竞争对手、糟糕的人际关系、外部阻碍职业发展的方面。如果你不去应对，这些不利因素会降低你的品牌价值和竞争力。

换个角度来说，T也可以成为机会。

在打造和管理个人品牌的道路上，你需要主动去应对威胁。世界的变化给你带来威胁的同时，也在给你创造机会。所以，对机会和威胁的分析，会帮助你在未来做更充分的准备。

作为一名职场人，你不但需要了解社会形态、经济与科学技术的发展方向，还要了解你所在行业的发展趋势，以及所在公司的发展策略。对内，分析自己的优势和劣势；对外，分析可能存在的机会和威胁，然后设计出属于你自己最恰当的"标签"。

以我为例进行分析：

我的优势是什么：我最大的优势就是我积累的"有意义的经验"。我是一名企业家教练，在企业管理咨询培训行业已深耕17年。我开办了12年的总裁班，主讲团队管理课程，我还积累了 1000 多个企业管理咨询案例,我懂企业家内心想要什么样的优秀管理者;我带过上千人的团队,培养了上百位"80后"和"90后"的总经理;帮助很多人从年薪 10 万元到年薪几十万元,甚至上百万元;我知道一名职场人怎么做才能成长为优秀的管理者、领导者;我的职业生涯也是从普通员工开始的,然后到经理、总经理,再到总裁、董事长,所以我理解职场人身在职场面临的困惑、焦虑与挑战。

我的劣势是什么:自己和团队的能力能不能匹配公司新的发展需要,公司能不能吸引到更多优秀的人才来抓住新的发展机会。

我面临的机会:人们的生活、工作和学习方式正在发生改变,在职场领域内的线上教育将面临新一轮洗牌,也将迎来新的发展机会。

我面临的威胁:无论是机构还是个人,线上职业教育已是红海,行业格局初成定局,我们面临的是如何找到定位发挥优势,创造独特的市场价值,从竞争中脱颖而出。

分析出优势、劣势、机会、威胁之后,我们需要遵循的原则是:聚焦优势、扭转劣势、抓住机会、化解威胁。

站在公司角度,壹创新商学 App 定位于"做职场人用得上的实战商学平台",我们把 12 年来开线下总裁班训练营的优势还原到线上,用游戏化思维重新定义训练营,真正帮助职场中渴望学习提升的"80后"和"90后"用户,让他们听得懂、学得会、用得上，不断提升自己在职场中的价值。

站在个人角度，我将发挥自己多年积累的企业家教练和管理教练的经验优势，打造出具有IP品牌标签属性的内容产品，同时，吸引和培养更多匹配公司发展的优秀人才，逐步构建一个职业教育平台，来抓住这次线上教育的发展机会。

经过这样的分析，我个人的品牌标签可以很容易被设计出来：更懂"80后""90后"职场人的管理教练。当然，该标签也可以在日后随着市场的发展和变化适当进行调整。

设计个人品牌标签，提升职场能见度

很多人在职场里，特别容易成为"透明体"，看着别人仿佛都是锦鲤，自己却卑微得像是蚂蚁。怎么办呢？要主动给自己贴上个人品牌标签。

在日常工作和生活中，我们经常用贴标签的方式来认识一个人。比如，小赵心细，小钱骄傲。你希望自己在别人心里是怎样的一个人，便可以主动去强调这个特质。标签会成为与众不同的记忆点，所以你要主动给自己贴上符合个人特质的品牌标签，有意识地强化这个记忆点，拒绝成为职场中的"透明体"。每个人都可以根据SWOT分析法来设计出属于你自己的个人品牌标签。

有的人是富有创意的文案高手；

有的人是玩转 Excel 的行家；

有的人是善于解决疑难问题的编程高手；

有的人是擅长节约成本的行政专家；

有的人是擅长谈判的销售高手；

……

选择渠道通路

现在，如果你已经设计出了个人的品牌标签。接下来，就需要考虑通过什么渠道、什么方式来宣传自己和交付服务了。

1. 自由职业者的渠道通路

如果你是自由职业者或者是想打造自己个人 IP 的自媒体从业者，那么如何找到宣传自己和交付服务的方式呢？

我们以李子柒为例。李子柒的品牌标签是"古风 + 美食 + 美女"，她是如何找到适合的渠道来宣传自己、交付服务并实现变现的呢？

李子柒想要展现古风的唯美画面、美食的传统做法以及自己的形象，她选择的交付方式是通过视频来呈现。李子柒选择了美拍、微博、国外视频网站 YouTube（油管）等。李子柒视频传播的是中国传统文化和美食，这些更容易受到喜爱中国传统文化的外国人和海外华人的青睐。媒体曾这样形容李子柒的视频：没有一个字在夸中国好，但讲好了中国文化，讲好了中国故事。

现在，李子柒的视频账号除了广告收入，更主要的变现方式是通过国内的电商平台实现的。

对于自由职业者来说，宣传自己和交付服务的渠道有哪些呢？

（1）线上

社交平台：微信、微博、QQ、脉脉等；

新闻及自媒体平台：百家号、头条号、搜狐号、大风号、网易号、虎嗅、36 氪、微信公众号等；

视频平台：抖音、快手、bilibili、视频号、腾讯、爱奇艺、优酷、搜狐等；

社群平台：豆瓣、知乎、论坛、微信群、QQ 群等。

（2）线下

行业论坛、展会、线下社群、经销商体系、自建营销团队、工作坊、研讨会等，让我们重点来分析一下目前常用的线上渠道有哪些。

目前，大部分用户的状态是，微信公众号上有长达几百条的未读文章，而在抖音、快手看短视频一看就是几个小时。所以微信公众号的打开率越来越低，这个渠道的红利期已经过去了，它在今天已经变成企业和个人建设私域流量的标配。现在大家都在争相抢夺短视频平台的红利，比如抖音、快手、bilibili、视频号等。在未来很长一段时间内，线上的内容形式会越来越倾向于视频，变现方式主要有卖产品（即带货）、卖广告和卖服务。

在短视频领域，抖音、快手一路比拼，也越来越趋同。一开始，抖音主攻的是一二线城市的用户群体；快手主攻的是下沉市场的用户群体。但是现在，抖音的策略开始逐步下沉，快手也慢慢开始走"农村包围城市"的道路。

在短视频市场，当下抖音和快手还有一个很有潜力的竞争对手，那就是视频号。

据相关数据显示，截至2020年9月，抖音平台的日活用户数已超过6亿；快手平台的日活用户数已超过3亿。但是，视频号背靠微信拥有的11亿的日活用户数，夸张地说，几乎拥有了国内全部的互联网用户。

具体应该怎么选择不同的渠道呢？

快手的定位是"看见每一种生活"，也就是"老铁文化"，接地气。快手的算法是去中心化的审核机制，鼓励人人都可以创作，人人都可以上热门，流量分配也相对更加平均，这对于个人或者小商家而言是有利的，尤其是你利用电商模式，快手是一个不错的渠道选择。

抖音的口号是"记录美好生活"，讲究的是调性。它是中心化的审核机制，注重内容质量，质量越好就越容易得到推荐，对流量的干预和限制也相对较小。所以，如果你在某一个领域内特别专业，比如你是画家、设计师等，你可以选择抖音这个渠道。

视频号官方口号是"人人都可创作和记录的平台"，风格还是个未知数。如果你已经在抖音、快手尝试了很久，但你的个人品牌仍然没有被你的用户所熟知，那你可以考虑在视频号上投入更多的精力，来宣传自己和交付服务。

另外，还有一个视频平台也需要重视，那就是 bilibili（简称 B 站）。B 站从一个二次元的亚文化社群成长为今天年轻人的主流文化社群，影响力越来越大。如果你不想失去这个群体，就要考虑布局 B 站。B 站现在的宣传口号是"你感兴趣的视频，都在 B 站"。目前，B 站已经开始布局长视频，已购买《哈利波特》《指环王》《霍比特人》《蝙蝠侠》等系列电影版权，用这一方式来留住非二次元用户。

选择渠道的时候还需注意，并不是渠道越多越好，因为你运营管理每一个渠道都需要投入大量的精力。所以，最好先选择一个渠道，一个你的目标用户大量聚集的渠道，等积累了一定的粉丝和经验后再拓展到其他渠道。同时，你也要注意，不管在哪个渠道,你要表达的信息一定要和你的个人品牌标签一致,最好能制定一个详细、具体的内容输出排期表,这样既能确保你运营个人品牌的持续性,也能保证内容输出的一致性。

2. 职场人的"渠道通路"

对于职场人来说,"渠道通路"强调的是你在职场中宣传自己和交付服务的方式。比如,向上级汇报和请示,向下属分享,和同事协同配合,跟客户面对面以及通过微信、邮件、电话、短信等形式沟通,这些都是你可以展示自己的渠道。

举个例子,来自我们公司的一名负责服务企业家会员的客服主管是这样宣传自己和交付服务的。首先,她已经清楚自己的核心资源、关键业务、客户群体和价值服务。她有两个非常突出的优势:与客户沟通的能力以及建立流程和标准的能力。

她为自己设计的个人品牌标签对外是"客户的学习体验优化专家"。对于外部客户,她是怎么宣传自己并交付服务的呢?在学习前,她通过电话拜访、创建客户群、推送海报等方式来跟客户沟通,让客户准确地知道每次学习的时间、地点、课程重点等。在线上或线下学习中,她设计竞赛比拼机制,激发客户学习互动的热情。在学习后,她引导客户分享学习收获,带领客户复习、完成作业。最后,她根据客户反馈及时制定和优化服务流程标准(SOP 标准作业程序),提升客户的学习体验和学习效率。

她为自己设计的个人品牌标签对内是"善于建立流程和标准的客服主管"。对于内部客户，她是怎么宣传自己和交付服务的呢？她在每个月月初制定目标和工作计划、策划活动、制定流程标准。同时，向上级汇报并沟通确认。然后，她根据流程和标准进行团队培训，再通过文件、邮件共享以及会议分享等方式向领导和团队伙伴沟通她的目标计划、活动安排和流程标准，很好地管理了大家的预期，使大家对她建立了信任。在日常工作中，她对团队成员的工作成果进行对比和数据分析，耐心地辅导团队成员能力提升。她还会定期根据客户反馈和团队工作成果总结复盘，检查有没有达成目标，总结反思做得好的地方和需要改善的地方，并及时发现问题解决问题，优化流程标准。

这名客服主管根据SWOT分析，设计出自己的个人品牌标签，然后从外部和内部两方面选择了合适的渠道和方式，用行动来持续传递自己在职场中的优势价值，不断强化自己的"标签"，通过日积月累，她在职场会不断升值和升职，并且越来越能够赢得客户、领导、同事和下属的信任。

我们只有确定价值服务才能宣传价值服务，只有宣传价值服务才能销售价值服务，只有销售价值服务才能赢得回报。

关于职场中的渠道通路，汇报、请示、怎么和客户沟通等具体做法会在下个模块"客户关系"中详细讲解。接下来，我将重点分享如何在职场中宣传自己和交付服务的两个诀窍：诀窍一，把握"关键时刻"，关键时刻"闪电战"，快速建立个人品牌；诀窍二，做一个靠谱的人，稳扎根基"持久战"，持续赢得未来。

把握"关键时刻"

拿破仑说："每场战役都有'关键时刻'，把握住这一时刻，就意味着战争的胜利。"在职场中也是如此，每次遇到问题，特别是公司遇到重大问题的时候，正是你展示才华，宣传自己和交付服务的最好时机。

平时你要学会主动解决工作中的问题，要意识到这都是你在职场中"表现"的机会，也是你学习成长的机会。特别是公司和上级领导给你机会的时候，你不要推三阻四、畏难怕险、瞻前顾后、犹豫不决，而是要敢于接受挑战，尽可能地去提升自己，把握机会。所谓"危机"，危中有机，危机中往往也蕴含着巨大的机会。

华为奉行关键人才选拔的"三优先"原则中，特别强调的一个原则就是：优先从影响公司长远发展的关键事件中考察和选拔干部。

《以奋斗者为本：华为公司人力资源管理纲要》一本书中指出，趋利避害是人的本能，但是在职场，"趋害"可能是一个更好的选择，这里的"害"并不是指对自己事业有损的事情，而是指事发突然，需要有人承担责任的任务。有的人可能会担心如果无法完成这个任务会损害个人利益，以此为"害"。但其实，我们要调整自己的心态。也许这种"害"可能会造成一时的经济损失和精力消耗，但是如果我们能够在公司最需要的时候站出来，真正为公司解决问题，那么就能够磨砺自己，使工作能力得以提高，这是一个自我成长并且向公司展示自身价值的绝佳时机。同时，这也帮你积累了受益终身的"可迁移的能力"和"有意义的经验"，也就是在关键时刻如何解决问题、完成任务、达成目标的能力和经验。

贾林现在是一家连锁酒店的 IT 技术主管，原来他只是一名普通的"90 后"程序员。当初公司正处于业务转型的关键时期，刚开始做 App，遇到了不少麻烦，上一任技术主管为了满足功能需求，在没有系统地想清楚基础架构的情况下就着急去开发产品了，导致后期非常痛苦，哪怕是加一个小功能，也要耗费半个月的工期，但同样的功能要求，其他公司可能只要三五天就完成了。就在这个时候，上一任技术主管离职了，这让公司领导特别苦恼。这时，还是程序员的贾林跑进了 CTO（首席技术官）的办公室，说："给我一个月时间，我能解决这个问题。"

一个月后，在贾林的带领下，整个技术团队完成了对系统架构的重新梳理，对 App 进行了系统升级和改版，不仅减少了故障的出现率，还能够实现每周更新。在后来的工作中，贾林的表现依然如此，一次又一次在关键时刻主动站出来解决问题，还积极地调整团队的工作状态，推动大家改善工作方法。贾林越来越被重视，最后成了这家公司的技术主管。

做一个"靠谱"的人

在职场中，做一个"靠谱"的人，是你在职场中树立的最重要的口碑，是你宣传自己和交付服务很重要的原则。

1. 态度决定高度

在职场有四类员工：有能力有态度的员工、有能力没态度的员工、有态度没能力的员工和没态度没能力的员工。有能力有态度的人往往会被重用；有能力没态度的人领导会慎用，有态度没能力的人领导会培养，没态度没能力的人最终会被淘汰。

在工作中应自检一下，你是在全力以赴还是在全力应付？你是积极主动还是消极应对？你是勇于承担责任还是推卸责任？你是愿意付出还是斤斤计较？你是建设关系还是制造分裂？

美国知名激励作家与演说家齐格勒曾说："决定你人生高度的，不是你的才能，而是你的态度。"

日本"经营之圣"稻盛和夫总结的成功公式：成功（人生成就）=态度（–100~100）× 能力（0~100）× 努力（0~100）。最妙的是，这三者之间是相乘关系，你能力再强，如果你不努力，态度不好，一切等于0，甚至可能是负数。相反，一个人有能力，态度端正也很努力，他取得的人生成就会越大。

2. 言必行，行必果

美国著名管理学、组织行为学教授斯蒂芬·P·罗宾斯曾指出："诚信一贯被看作是受尊敬的领导者的一个特性，诚信对于领导力来说尤为重要。"莎士比亚说："失去了诚信，就等于敌人毁灭了自己。"用在职场上也同样如此。我们想要取得领导和同事更大的信任，在职场中取得成功，一定要做到"言必行，行必果"。

有这样一个故事：法国有一个擅长空中走绳索的杂技演员叫查尔斯·布隆丁，他在《纽约时报》上刊登了一则广告，说他要在尼亚加拉大瀑布上表演空中走绳索。

要知道，尼亚加拉大瀑布被印第安人称为"雷神之水"。最险处横亘着一道约350米宽的石灰岩断崖，水在这里骤然陡落，落差99米，峰值流量为每秒6400立方米。若是人掉入这个瀑布，就会瞬间消失。布隆丁却要在这个断崖上表演空中走绳索。据说，当天从美国和加拿大各地赶来观看表演的观众有一万人之多。

在爬上绳索之前，布隆丁大声地问观众："你们中有谁相信我会成功地跨过这个瀑布？"大部分人都认为布隆丁会有去无还。布隆丁爬上绳索，在众人惊奇的眼光中，成功地跨过了瀑布。

在第二次爬上绳索之前，布隆丁大声地问观众："你们中有谁相信我可以推着三轮车跨过这个瀑布？"人们仍然表示不相信。布隆丁爬上绳索，成功地跨过了瀑布。

在第三次爬上绳索之前，布隆丁大声地问观众："你们中有谁相信我可以踩着高跷跨过这个瀑布？"人们仍然表示不相信。布隆丁爬上绳索，成功地跨过了瀑布。

在第四次爬上绳索之前，布隆丁又大声地问观众："你们中有谁相信我可以遮住眼睛跨过这个瀑布？"人们依旧表示不相信。布隆丁又成功地跨过了瀑布。人群沸腾了！

布隆丁等观众们安静下来，第五次爬上绳索，大声问观众："你们中有谁相信我可以背着一个人跨过这个瀑布？"大家突然猛烈地鼓起掌来，纷纷大喊"相信"，结果布隆丁真的背着一个人安全地跨过了瀑布。

为什么布隆丁的第五次挑战大家不会质疑呢？因为布隆丁完成了他所有的承诺，做到了言必行，行必果，而且布隆丁的每一次行为都是真实的、坦率的、一致性的和可预测的，大家在布隆丁一次次成功的过程中对他的能力逐渐认可，建立了对他的信任感。

所以，我们在职场中不要随便承诺，一旦承诺了，无论是答应领导还是同事的事情，无论大事还是小事，便一定要说到做到，按时完成。一次一次地信守承诺才能建立信任感，让大家觉得你是一个"靠谱"的人。这样一来，领导有重要的任务会放心地交给你去完成，你也会有更多的机会展现自己，小伙伴们也会更加信任你，愿意跟你合作，听从你的指挥。

小结

全球著名的投资人沃伦·巴菲特说："专精自己的能力，直到可以向别人宣传自己价值的程度。"我一定要再次提醒你：只有确定价值服务才能宣传价值服务；只有宣传价值服务才能销售价值服务；只有销售价值服务才能赢得回报。

你想要获得更大的回报，无论是想升职、加薪、赚钱，还是想获得荣誉、地位，都需要不断地宣传自己并交付服务。

最后，请你找到属于自己的渠道通路！

第六章
客户关系

一张画布重塑你的**职业生涯**

爱人者，人恒爱之；
敬人者，人恒敬之。
——《孟子·离娄章句下》

"客户关系"是个人商业模式画布中的第六个模块，介绍的是你该怎样与"客户"打交道，你该如何建立并维护与外部客户、内部客户的关系。

请仔细思考：

你与客户是面对面地直接沟通，还是间接联系？

你和客户之间的合作关系是一锤子买卖，还是持续性服务？

你关注的目标是扩大客户数量（拓展）还是满足现有客户的需求（维持）？

在职场中，你认为关系重要还是专业重要呢？

很多人对职场关系的认知存在两个误区：一个是"关系无用论"，认为关系不重要，在职场打拼还得靠专业，用本事和实力说话；与这个观点相反的是"关系决定论"，认为关系是职场上的第一生产力，同事晋升了、获得器重了，那都是因为跟领导关系好。这两个观点是两个极端想法，其实它们都不对。在职场，要依靠"专业+关系"，这是你驰骋职场的两把"宝剑"，只有双剑合璧，才能发挥最大的威力。

客户关系是什么

对于企业来说，客户关系是指企业为达到其经营目标，主动与客户建立或保持的某种联系。对于个人来说，客户关系就是你所有的职场关系，指的是你怎样和客户打交道，怎样建立并维护好你和外部客户、内部客户的关系。

我们先来看一个案例：

张晓结识了一名来自海外的大客户，在他的努力下，双方很快达成了合作意向，客户对张晓提供的样品表示非常满意。于是，张晓满怀信心地催客户下单，但没有想到的是，客户给他发了一张"好人卡"："你们提供的产品很好，但我们老板还不想换掉原来的供应商……"张晓不希望付出的努力白费，连忙从采购成本、产品质量等各个方面进行了对比，表明自己的优势，但客户却不再回复他了。面对客户的消极态度，张晓依然不想放弃，他想，客户对更换供应商暂时没兴趣，对了解市场行情信息应该会有兴趣。于是，张晓不再追问是否继续合作，而是坚持每个月发两封邮件，只发一些有关市场行情的信息。就这样在坚持了七八个月后，有一天张晓突然接到客户的电话，说他要来中国出差，计划顺便拜访一下张晓的公司。在接待这个客户时，张晓耐心地解答了客户的所有问题和疑虑，现场没有及时解决的问题，他也都做了记录，并及时给予了反馈。终于，客户全面认可了张晓，并开始与之合作，张晓的公司成了客户新的供应商。

从案例中可以看到，如果你想和客户打交道，取得良好的效果，就需要发挥自己的主观能动性，与客户建立更牢固、更持久的关系。

在与客户打交道时，无论是与外部客户还是内部客户，你要不断地问自己以下三个问题：

第一，你在职场与客户的关系紧密吗？

第二，你与客户的合作关系是持续性合作关系吗？

第三，你关注的目标是扩大客户数量（拓展）还是满足现有客户的需求（维持）？

这三个问题的答案反映了你和客户关系的紧密程度、持久程度和能持续为客户创造价值的能力。当这三个问题搞清楚了，你就可以诊断出自己的客户关系是否存在问题，你也能找

到具体的调整方法了。

第一个问题：你在职场与客户的关系紧密吗

你和客户群体打交道的时候，你是面对面地直接沟通还是用邮件、短信之类的工具间接联系呢？

在这个问题下，我重点与你分享，怎么通过不同的沟通形式和内部客户（上司、同事和下属）建立更紧密的关系。

1. 汇报

《哈佛学不到的管理策略：全方位职场教战手册》一书的作者马克·麦考梅克曾经说过："谁经常向我汇报工作，谁就在努力工作。相反，谁经常不汇报工作，谁就没有努力工作。"这话听起来似乎有点极端，很多职场人会觉得不可思议，但我可以用17年的管理经验告诉你，很多时候现实情况正是如此。老板不会每天盯着你，除了看数据和结果，如果你不主动汇报，他又能根据什么来更直观地判断你是否在努力工作呢？尤其团队中的成员有很多时，老板根本不可能去关注到每一个员工和下属的行为表现。

另外，你还需要换位思考一下，每一位领导都希望对工作有全局的掌控，也就是我们通常说的"工作安全感"。所以，你汇报的目的除了交代工作进展以外，还要让领导安心。只有他安心了，才会信任你，放心地授权给你，这样你们更紧密的工作关系才会建立。当你不主动汇报的时候，对于交给你任务的领导来说，会失去"掌控感"。正如松下电器的江口克彦所说："对于上司来说，最让人心焦的就是无法掌握各项工作的进度……如果没有得到反馈，以后就不会再把重要的工作交给这样的下属了。"所以，作为下属，你需要"送"给你的上司一个权力：知情权——主动汇报自己的工作进展。

怎样汇报工作可以带给上司需要的安全感呢？

来自《纽约时报》等知名媒体的撰稿人丹尼尔·平克认为："做好时机管理，我们需要关注三个点，起点、半程点和终点。"其实，汇报也需要做好时机管理。在一项工作刚开始、进行到一半和快结束这三个节点也是你必须跟上司汇报的时机，这样可以确保每个环节在质量和进度上都是可控的，让你的汇报带给上司需要的安全感。

具体应该如何汇报呢？给你分享一个方法：使用表达工具"金字塔原理"。

"金字塔原理"最早是由麦肯锡咨询公司的第一位女咨询顾问芭芭拉·明托提出的，是提升你的逻辑表达能力最好用的工具之一。

用金字塔原理汇报工作只需要记住两个核心关键：结论先行和逻辑递进。

结论先行，是指把你的结论先亮出来，让人知道你要说什么。

你在跟领导汇报工作时，说了半天后，领导却突然问你："能不能用一句话说明你要表达什么？告诉我结果。"虽然你可能会感到很崩溃，觉得自己说半天领导压根没听。其实，领导也很无奈，因为实在不知道你要说什么。但如果你先说结论，领导立刻就知道你接下来要讲的是什么，就不会这么费解了。

在工作中，我们无论是汇报工作或是沟通协作，还是外部合作，结论先行这一招一定可以让你在别人的心目中显得与众不同，体现出专业性。

逻辑递进，是指为你的中心论点找出不超过七个论据（一至三个为佳），每个论据的论点有一定的逻辑关系。

一位秘书向公司的 CEO 汇报日常工作时说："研发部赵经理明天，也就是周三不能参加上午 10 点钟的会议了，他明天一整天都没有时间。销售部钱经理未来三天都可以正常开会；客服部孙经理明天能够开会，但要晚点才能从外地赶回来。明天的会议室已经有人预订了，不过后天，也就是周四会议室还没被预订，所以我们会议的时间定在周四上午 10 点钟比较合适，您看行吗？"听完这段介绍，如果你是 CEO，是不是感到一头雾水呢？如果运用金字塔原理中结论先行、逻辑递进的原则，应该怎样表述才好呢？

"领导，您看原来定在明天要召开的会议改在周四上午

10点钟开如何？因为明天研发部赵经理没时间参加，而其他领导能配合的时间只有周四了，同时明天的会议室已经被别人预订了，而周四还有空闲的会议室。"这样汇报完，CEO一下就能明白并做出决策。

金字塔原理不仅可以帮助你更好地向领导汇报工作，还可以被运用到更多重要的场合。比如，面试、演讲、写论文、当众回答问题、与重要客户沟通等。

2. 请示

当你在向上司进行请示时，最好让你的上司做选择题，而不是填空题。这是什么意思呢？也就是如果你向上司请示时，可以提供至少两套解决方案。不要直接问："领导，您看这件事该怎么办？"而要主动说："领导，我考虑了两个解决方案，您看哪个比较好？"

比如：

"老板，关于您交代我做的策划案，我有些想法想向您请示一下，您现在方便吗？"

"你说。"

"关于周三要交给您的活动策划方案，我觉得有三种做法。第一种……第二种……第三种……它们各有优缺点，分别是……我比较建议第一种和第二种，因为……老板，您看这两个方案哪个更合适呢？"

"如果在第一种和第二种中，再选一个呢？"老板问。

"老板，您曾经说过，我们只有关注用户价值才能长久。从这个角度考虑，我觉得第二种更合适，您觉得呢？"

"我也觉得是。那就去做吧。有问题，随时向我报告。"

这一小段向领导请示工作的对话中，有几点注意事项：第一，不只是提问题，同时也要提出建设性方案；第二，提出两个以上建议或方案，并加以分析；第三，与上司讨论，并由上司做决策。

罗塞娜·博得斯基做了通用电气前CEO杰克·韦尔奇14年的助理，她还把和老板一起工作的经验专门写成了一本书。她总结说："我花两小时搜集所有的信息，整理所有的资料，了解所有的情报，做所有事情的目的，就是让杰克·韦尔奇，只需要30秒钟就可以做一个判断，然后有时间继续做其他事情。"所以，你向上级请示完成某项工作时，要准备解决方案，并且认真思考、做大量功课以及有你独到的见解。

3. 请教

在职场中，只要有人比我做得好，不管他是我的上司、同事还是下属，我都值得向他好好请教——向一切可以给自己带来成长的人请教。

你的上司之所以能成为上司，一定有他的过人之处，有他擅长的地方，你要去经常请教。每个人都喜欢被别人请教，尤其是被问到自己所擅长的地方。

如果你新到一家公司或者新到一个岗位，"请教"是你快速跟新上司建立关系和获得支持的最好方式。

对于同事，你也可以去请教。很多人在公司只和自己部门的同事或者只和自己有工作对接的同事沟通交流，跟其他人很少交流，甚至你在公司的"关键人物"（比如，不直接领导你的公司高层、跨部门的领导和业务明星等）眼中好似不存在。其实，面对这些公司高层或同事时，你都可以通过向他们请教问题，来建立和他们的关系。搞好客户关系就像下围棋，既要专注重点棋眼，更要做到统筹全局。无论是上司、同事，还是跨部门领导，向对方请教都是一种很高明的建立关系的方式。当然，别人并没有义务要教你。如果有人愿意倾囊相助、坦诚相告，请你务必要真诚地表达感谢。

4. 分享

在"渠道通路"的模块，我分享了要懂得给自己贴标签，而分享就是一个展现自己专业能力，给自己贴个人品牌标签的过程。当你提升了自己的专业知识以后，你需要去向人们分享你的专业知识。比如，你的工作效率很高，那你可以把提高工作效率的方法写下来共享给同事和朋友；你有销售才能，就可以总结一套业务流程帮助大家提高业绩；你走过的职场陷阱也可以总结出来，制定一份"避坑指南"分享给大家。利用你的优势主动帮助他人，这些都是创建和推广个人品牌、积累职场人脉最有效的做法。

5. 了解对方的工作方式

关于怎样通过不同的沟通方式和你的客户建立紧密的关系，还有一点要特别提醒你，你需要去了解对方的工作方式，尤其是你的上司。

大部分人都没有意识到，不同的人有着不同的工作方式。还记得我们在第一个模块"核心资源"中提到的"个性"吗？一个人的工作方式是由这个人的个性决定的，它往往在一个人进入职场前就已经形成了，而且相对稳定。通常，随着时间和环境的变化，这个人的工作方式可能会略有调整，但是不可能完全改变。

我们在"核心资源"模块中提到过一个工具"MBTI"，它告诉了我们，每个人都有自己获取能量的方式、收集信息的方式、决策判断的方式以及生活方式偏好，这里再给大家介绍一种用来判断一个人工作方式的方法。

一个人的行为模式影响着其工作方式，比如，读者型还是听者型。什么叫读者型？就是习惯阅读信息；什么叫听者型？就是习惯听取信息。首先，你要搞清楚你的客户和上司是读者型还是听者型。

德怀特·戴维·艾森豪威尔担任欧洲盟军最高统帅时，一直是新闻媒体的宠儿。他的记者招待会风格非常独特——不管记者提出什么问题，艾森豪威尔都能从容应对。无论是介绍情况还是解释政策，他都能够用两三句言简意赅的话说清楚。

后来，艾森豪威尔当上了美国总统，此前曾对他十分崇拜的同一批记者却开始瞧不起他了。他们抱怨说，他从不正面回答问题，而是喋喋不休地说着其他事情。他们总是嘲笑他回答问题时语无伦次、不合乎语法。

艾森豪威尔或许并不知道自己属于读者型。当他担任欧洲盟军最高统帅时，他的助手设法确保媒体提出的每一个问题要在记者招待会开始前半小时以书面形式提交。这样，艾森豪威尔就完全掌握了记者提出的全部问题。

而当他就任总统时，此前的两任总统富兰克林·罗斯福和哈里·杜鲁门都属于听者型，这两位总统都喜欢举行畅所欲言的记者招待会。艾森豪威尔可能认为他必须去做两位前任所做的事。可是，他甚至连记者们在问些什么都从来没听清楚过。很可惜的是，他的身边并没有一个得力的助手了解他的工作方式，或者像他之前的助理一样提前帮他把问题转化成文字。

你可以简单地判断你的上司是何种类型。比如，他喜欢员工每个星期写周报，显然他属于读者型。那么，你在汇报、请示和请教的时候最好以文档的形式先发送给他，然后再跟他当面沟通。如果他喜欢每个星期开例会，他应该属于听者型。还有的人你无法区分，那他可能两种特质兼有。总之，无论是你的内部客户还是外部客户，你最好用对方偏好的方式和他沟通。

第二个问题：你与客户的合作关系是持续性合作关系吗

我们希望和客户能建立持续性合作关系。

在前文中，我主要讲的是面对内部客户时，如何通过不同的沟通方式来建立紧密的关系。接下来，我将分享如何管理好外部客户，建立持续性的合作关系，即管理好你和客户的接触点和接触频率。

当你翻看自己的微信通讯录时，你可能拥有成百上千个"好友"，但因为没有持续联系，这些好友也只是"躺"在了你的微信通讯录列表中，甚至在你不知道的情况下他们已将你"拉黑"了。为什么会出现这样的情况？是因为我们没有管理好自己与微信好友的接触点和接触频率。

一起看看这个案例：某个小区的物业工作人员和业主总是站在对立的一方，因为服务质量的问题，物业工作人员基本上只有在每年收取物业费的时候，才能和业主见上一面。在平时，房子出现漏水等情况，即便找到物业工作人员，他们也不理会。业主也是怨声载道，要求更换物业公司。为了平息众怒，物业公司聘请了一个新主管,在积极开展调研后,新主管每天利用诸如代买菜、代管孩子、代收快递等方式,增加物业和业主的接触点,接触时间也由一年一次变成每天一次。如此一来,不但物业部门的收入翻了几倍,还受到业主的认可,好评如潮。

如何掌握好你和客户的接触点和接触频率呢?需要做好以下三步。

1. 第一步:建立客户档案

想要了解你的客户,你需要有一个详细记录客户信息的档案。

这里给你提供一个建立客户信息档案的工具——"麦凯66"。它是世界第一人际关系大师哈维·麦凯先生提出的客户资料表格。该表格由66个关于客户的问题组成。如果你能了解清楚关于客户的这66个问题,那么你就可以建立一份详细的客户信息档案了。

这66个问题中包括:组织信息、个人信息和家庭信息。

组织信息包括:公司名称、地址、职工人数、经营范围和企业性质等。

个人信息包括:客户的姓名、性别、籍贯、出生日期、身体五官特征、学历、婚姻状况、目前职位、上一份工作、兴趣爱好、取得的成就和个人目标等。

家庭信息包括：配偶信息、子女喜好和子女教育等。

当我们在拜访客户的时候，我们可以通过和客户聊天，从客户的言语中、穿着中、行动中以及客户的周边环境中提取有价值的客户信息。当我们把这些客户信息汇总在一起的时候，就可以给客户建立一份客户档案了。这样做的好处是下次在拜访客户的时候可以拿出来温习一下。有人会产生疑问，我只需要了解客户本人的信息就可以了，为什么还需要了解他的家庭信息呢？

人脉大师基思·法拉奇出版的畅销书《别独自用餐：85%的成功来自高效的社交能力》中有一句话："世界上有三种东西可以让人们的友情变得深厚，它们是健康、财富和孩子。你帮助某人解决了健康问题，让他的身体更加健康，或者真切地关心他们的孩子，你就在培养能持续一生的忠信。"

你只有从客户的公司信息、个人及家庭信息、社交圈信息中，才有可能了解到对于客户来说最重要、最在乎的事情。

2. 第二步：对客户进行分类

根据"二八定律"，在你服务的客户中，往往20%的客户能给你带来80%的业绩。

你需要给你的客户进行分类，找到那些能给你带来80%业绩的客户，然后投入更多的时间和精力来服务好他们，让你的投入产出比大幅提高。

具体该怎么做呢？可以运用ABC客户管理法。在进行客户细分时，按照客户对我们的重要程度进行划分。比如，我们可以从决策权、购买力和购买意向这三个方面综合考虑进行划分。

A 类客户有决策权，购买力强，购买意向强，你要依照销售流程对他进行合作成交跟进，你应该把主要精力放在成交上；

B 类客户有决策权，购买力强，有一定的购买意向，随时有可能与你成交，但还有疑虑，你要解决他的异议，听取意见并改进；

C 类客户质量一般（决策权和购买力一般），购买意向也一般，处于观望状态，你的重点应放在客户关系维护上。

比如，你手上有 30 个客户的信息，可按照重要程度将其划分为 ABC 类三类。其中，有 5 个客户有决策权和购买力，近期很可能下单，他们对销售人员来说重要程度可列为最高，即划分为 A 类客户；另外，有 10 个客户有决策权和购买力，也有购买意向，但他们不是很着急下单，即划分为 B 类客户；剩下的 15 个客户虽然只是想了解一下产品，但他们还是有购买需求的，只是还没有传递出强烈的购买意向，他们对销售人员来说重要程度最低，即划分为 C 类客户。

当我们按客户的决策权、购买力和购买意向将客户进行分级后，就可以合理地分配自己的精力了。

我在前面讲的第一步，要求你建立客户档案，你可以按照这一步的分类方法，将客户分为 ABC 三类来建立客户档案。依客户重要性原则，每类客户档案的信息完善程度的要求也不同。比如，A 类客户尽量按"麦凯 66"信息档案的内容来收集信息，除了需要登记姓名、生日和联系方式等个人常规信息外，还要加上公司经营规模等组织信息，以及客户爱好、家庭情况等更完备的信息。对于 A 类客户，信息收集越多越有助于成交。由于收集信息需要花费更多精力，所以 B 类客户次之，一些难以收集的信息就暂时不必花太多精力，可以在跟进客户的过程中逐步补充。最后是 C 类客户，把常规信息收集回来，其他信息就不设太多硬性要求了。

将客户分类后，你应该把 80% 的精力分配在 A 类和 B 类客户上，因为他们是最有可能与你成交的客户，你的跟进效率将更高且回报也更快；C 类客户只需要分配 20% 的精力，管控好时间节奏，做好常规的客户维护工作即可。

当实施客户分类管理时，你可能会发现，花费自己 80% 精力的 A 类和 B 类客户，很可能只占你客户总数的 20%，所以销售人员一开始使用 ABC 客户管理法时，切勿因为自己的 A 类和 B 类客户少而担心。当你减少低效工作的时间投入，你就可以把更多的时间和精力花在优质客户的开发和服务上，这样才能让那些有决策权、购买力和购买意向的好客户越来越多。

3. 第三步：做好自己分内和分外的事

分内的事，就是你和你的公司应该做的事。比如，我们公司在举办的"'80后''90后'管理必修课——伟大管理的12级阶梯"训练营时，公司的线上社群服务部门在用户报名成功后，需要在开营前给用户推送课程介绍并建立学习群；开营后，需要提醒用户及时学习，并辅导用户完成作业，组织老师答疑等；训练营结束后，要及时做回访，收集用户反馈的问题，并及时解决；针对企业级会员用户的团队学习进行反馈，以及在逢年过节等重要节点给予用户问候；平日的温馨提醒、商业干货、职场资讯分享等，这些都属于服务用户应该做的分内事。

分外的事，就是你和你的公司可做可不做的事。比如，海底捞的服务员在分外工作上做得很好，因为他们提供的增值服务让顾客有宾至如归的感觉。当你在排队等位时，可以享受免费的美甲服务。顾客就座后，在等上菜的时候，服务员会给你送上围裙，为了防止油溅到手机上，他们还会专门送上手机的包装袋，甚至给长头发顾客提供橡皮筋等。这些事看似都和吃饭无关，属于分外的事，但这些分外的事为顾客带来了更好的体验，增加了顾客的黏性，也更好地维护了公司与顾客的关系，同时也创造了更多的顾客持续消费的机会。

哪些分外之事更容易建立你与客户之间的长久关系呢？这几年，很多进行社群服务，特别是高端学习社群服务的负责人经常跟我咨询这个问题，我在这里把团队多年针对企业家社群服务的一些重点的干货方法分享给大家：

你可以主动帮助客户拓展他的事业，因为没有人愿意被推销，同时也没有人能拒绝别人帮助他拓展事业。

你还可以诚恳地关心客户及其家人，因为没有人愿意被推销，同时也很少有人能拒绝别人关心他及他的家人。

你甚至可以做与产品无关的服务，如果你的服务与你的产品相关联，客户会认为那是应该的；如果你的服务与你的产品无关，那他会认为你是真的关心他，这会让他感动。提供感动客户的服务是和客户建立长期关系最好的方法。你们将不再是简单的销售人员与客户、服务与被服务的关系，你将成为他值得信赖的伙伴和某个专业领域的顾问，你和客户的关系会有一个质的飞跃。

第三个问题：你关注的目标是扩大客户数量还是满足现有客户的需求

面对这个问题，你的答案是什么呢？

很多人在和客户建立关系的时候，会忽略老客户，一味地去开发新客户，就像有的人不停地结识新朋友，而不去维护老朋友一样。长此以往，你就算把自己累倒，也未必能得到自己想要的结果。

据统计，开发一个新客户的成本是维护一个老客户成本的 6 倍。老客户往往信任基础好，贡献值也会更高。IBM 某年的年销售额曾从 100 亿美元迅速增长到 500 亿美元。时任 IBM 营销经理的罗杰斯曾谈到自己成功的秘诀时说："大多数公司营销经理想的是争取新客户，但我们的成功之处在于留住老客户；我们 IBM 为满足回头客，'赴汤蹈火，在所不辞'。"

"世界上最伟大的推销员"乔·吉拉德认为，65% 的交易都来自老客户的再度购买。在 15 年的工作中，他靠零售的方式销售了 13001 辆汽车，创造的汽车销售最高纪录至今无人打破。所以，我们要高度重视对老客户的维护。

1. 怎样巩固你和老客户之间的关系

除了以上提到的步骤和方法外，这里再给大家提供三个建议：

（1）别忘了定期联系老客户

我们需要定期拜访老客户，与老客户保持接触，这是让老客户重复购买的最好办法。

（2）经常调查老客户的满意度

服务人员应该定期进行客户满意度调查，问清楚客户对哪些地方满意、对哪些地方不满意，这样才能不断地优化服务、改进产品，防止客户流失。

（3）为老客户提供更多优惠措施

让越早支持我们的人得到越多的好处，给予老客户更多的优惠政策。比如，折扣、赠品、优惠券等，要经常和老客户沟通互动并告知他们这些利好信息。

美国《哈佛商业评论》杂志发表的一篇研究报告中指出：与第一次购买的新客户相比，多次购买产品的老客户能为企业多带来 20%~85% 的利润。所以，真正为公司带来持续利润的其实是公司的老客户。因此，销售人员要做好客户分类管理，给予重要的高价值客户更多的关注。还可以运用消费积分、徽章等激励奖赏机制，让购买额度大的、复购多的等有特殊贡献的老客户享受更多有门槛的、普通客户所没有的一些服务和待遇，从而把他们培养成企业的忠诚客户。

当我们能够提供更多优质的售后服务时，才能赢得老客户的信任和好感，才能更好地维持与老客户之间的关系，从而为实现二次销售做好铺垫。

我们应该记住一句话：永远不要忘记老客户，也永远不要被老客户忘记。

2.如何扩展新客户

扩展新客户的方式有很多，比如，利用线上线下渠道推广、通过打造爆品获客、异业合作、内容化获客等。简言之，你的细分市场、精准客户在哪里，你就可以去哪里。

这里重点给大家分享一种方式——内容化获客。

内容化获客是指企业以图文、音频、视频等形式在微博、微信公众号、今日头条、新闻媒体、视频网站、直播App等网站或平台持续性地输出与产品相关且围绕用户核心需求展开的内容，通过高质量的内容吸引用户关注，形成转化。通过内容化获客的方式可以实现低成本大量获取精准用户，实现用户的快速增长。

内容化获客有以下几个特点：

（1）内容是最精准的广告

因为内容而聚集的用户相对精准，内容能有效地筛选用户。内容是同时围绕产品和用户需求展开设计的，只要对内容感兴趣的用户就是产品的目标用户。

（2）低成本、高转化

内容是最便宜的广告。随着互联网流量成本逐渐升高，内容获客是一条低成本运作的极佳方式。通过内容吸引过来的用户对产品会有认同感，因为用户精准，转化率也会远高于广告投放所带来的用户。

（3）长尾效应

优质的内容本身就能引发用户传播，有长期、多次、深度挖掘商业变现价值的空间，会源源不断地为企业带来新客户，形成长尾效应，质量越高的内容生命周期越久。

小结

斯坦福研究中心曾经发表过一份调查报告，结论指出：一个人赚的钱，12.5%来自知识，87.5%来自关系，这里的关系就包括职场关系。全球知名的商业咨询公司盖洛普曾经对100万名美国员工做过调查，结果也显示，75%的人选择辞职是因为与上司不合，你和上司的关系直接决定了你在职场中的幸福指数。

事实上，无论是你的上司、同事、下属，还是你直接服务或者间接服务的客户，他们都会对你的职业发展产生重大影响。建立良好的职场关系的能力是你职场生存与发展的重要本领，会帮助你成为上司心中值得信任的下属，同事眼中有影响力的拍档，下属们心甘情愿追随的领导者，以及成为外部客户心中不可替代的合作伙伴。所以，职场关系值得你投入时间和精力去用心经营。

第七章
重要合作

一张画布重塑你的**职业生涯**

"人生内无贤父兄,外无严师友,而能有成者少矣。"
——(宋)吕公著

"重要合作"是个人商业模式画布中的第七个模块，是指谁可以帮我，即那些支持你工作，帮你顺利完成任务的人。他们可以分担你的工作任务，为你提供成长的机会和良好的建议，提供完成工作任务的某些资源。重要合作伙伴包括你在职场上经常打交道的上司、同事、下属和第三方供应商等，以及你的导师、教练、朋友、家人等。

重要合作是什么？

在自然界中，几乎所有的鸟兽都会避开凶猛的鳄鱼，相传有一种小鸟却能和鳄鱼友好相处，鳄鱼从不伤害这种小鸟，因为它需要小鸟的帮助。鳄鱼从水里上岸后，会张开大嘴，让这种小鸟飞到它的嘴里去吃水蛭、苍蝇和食物残渣，这使鳄鱼感到很舒服，同时小鸟也得到了食物。这种鸟被称为牙签鸟。有时候，牙签鸟还会为鳄鱼放哨，只要一有风吹草动，它们就会一哄而散，使鳄鱼惊醒过来，做好准备。

没有人能够独揽每一件事，每个人都需要合作伙伴。即使是凶猛的鳄鱼也需要合作伙伴的帮助，才可以更好的存活。在职场中，无论你是像"鳄鱼"一样的精英强者，还是像"小鸟"一样的基层员工，你都需要合作伙伴为你提供帮助，这样你才能更好地完成工作任务，高效达成工作目标。

本章的主题是重要合作，指的是谁可以帮我，即那些支持你工作，帮你顺利完成任务的人。他们可以分担你的工作任务，为你提供成长的机会和良好的建议，提供完成工作任务的某些资源。重要合作伙伴包括你在职场上经常打交道的上司、同事、下属和第三方供应商等，以及你的导师、教练、朋友、家人等。

你有没有发现，重要合作这个模块提到的人群（谁能帮助我）和客户群体模块提到的人群（我能帮助谁）高度重合？是的，你曾经帮助过的人最终会在你需要的时候帮助你。在重要合作这个模块中，你一定希望有更多、更优秀的人来帮助你成长或成功，但是，别人凭什么帮你呢？只有一个办法：你想要别人帮你，你要先去帮别人。关于这一点，在前面的章节中我已强调多次。在具体实践中应该怎么做呢？即帮助上司达成目标，帮助同事完成任务，帮助下属获得成长，帮助客户创造价值，帮助所有能给你提供帮助的人。等你有需要的时候，你曾经帮助过的人，最终也会来帮助你，成为你的重要合作伙伴。

不要忽视内部合作

在职场上，你几乎每天都要跟外部客户，还有上司、同事、下属等内部客户打交道，你的工作需要依赖他们才能更好完成。你需要上司的支持、同事的配合、下属的协助。比如，你是一位运营经理，你需要直属上司帮你申请预算，与其他部门协调各项工作，对你进行指导；你还需要产品部门和技术部门同事的支持，需要他们配合运营活动，不断优化产品的用户体验，需要新媒体团队的同事提供高传播力的推文；你也需要下属的协助，你要把你的工作目标拆分到团队的每一个成员头上，依据每位成员的优势来分配工作任务，最终使整个团队的效率最大化，甚至你还可能需要第三方供应商的协同合作。在整个过程中，如何更多地获取和维护企业外部客户也是你工作目标中很重要的部分。

很多人会认为,"我只要服务好外部客户就可以了",而忽视了内部合作,尤其是客服人员、销售人员这些每天需要直接跟外部客户打交道的人员,更容易忽略与内部伙伴维护关系。事实上,不重视和内部伙伴的沟通与协作,会严重影响你对外部客户提供的服务质量,也就很难达成工作目标。

夏冬是一名有着近8年工作经验的销售经理,他喜欢按照自己的方式管理客户,他会自主决定产品价格和付款方式,也很少要求他的下属提交销售报告,他只关注最终的销售业绩,他对自己的要求也是以业绩说话。2020年,夏冬跳槽到了一家新的公司,在新公司里,其他销售经理会为下属员工设置明确的产品定价和合同条款标准,并要求他们定期提交销售报告,以便监督其销售行为并上报管理层。夏冬以往的工作方式在这里显然不太适用,其他销售事业部的销售员对夏冬的部门不要求提交销售报告感到不公平,同级的销售经理也反映夏冬的做法让他们很难做管理,销售总监也总是为拿不到全部的销售数据而苦恼。后来,夏冬开始重新梳理自己的重要合作伙伴,他意识到,其实内部合作伙伴和外部客户一样重要,他们决定了自己的销售工作能否取得必要的支持。于是,夏冬决定按照新公司的做法,按时提交销售报告,要求下属员工按照定价范围给客户报价,并经常向销售总监以及同级的销售经理沟通遇到的问题以及分享自己成功的方法。很快,夏冬就得到了同事们的支持,也更快融入这个集体中。

事业成功离不开五类重要合作伙伴

每个人进入职场后，周围都会出现越来越多的关键人物，他们影响着你的职业轨迹，成为你在职场中，甚至你人生中的重要合作伙伴，并形成了一个生态系统。奥美互动全球董事长兼首席执行官布赖恩·费瑟斯通豪认为，你要定期盘点自己的职业生态系统是不是能像一种持久的燃料一样，给你的职业发展提供正向支持。我认为，一个人事业的成功离不开五类重要合作伙伴，他们分别是：支持你的家人、帮助你的朋友、棒喝你的贵人、指导你的教练和打击你的竞争对手。

1. 支持你的家人

我们在说职场中的重要合作伙伴，但第一类却是支持你的家人，很多朋友对此疑惑不解。但其实一个人事业成功的背后，是很多人默默支持和付出的结果，特别是我们的家人，他们往往牺牲最多要求最少，我们还很容易忽视他们在我们事业中所做出的贡献。我把他们放在第一类是希望每一个像我一样在职场中打拼的人都不要忘了最支持我们、最爱我们的家人。就像阿里巴巴董事局主席兼首席执行官张勇说的："以我们的工作强度和每个人的付出来讲，背后都不是一个人在阿里巴巴工作，其实是全家在阿里巴巴工作。"事实也确实如此！我对此深有体会，如果你是创业者或者是公司高层，你事业的成功更离不开家庭成员的鼎力支持与付出。

2017 年,我带领聚商圈的企业家商务考察团走进褚橙庄园,并有幸采访了著名企业家褚时健的妻子马静芬。当时已经 80 多岁高龄的马静芬听闻聚商圈企业家朋友们的到来,特地坐车 4 个小时赶到庄园,与在座的企业家们亲切交流,分享了她和褚时健的曲折人生。

70 多岁的褚时健决定二次创业时,妻子马静芬陪伴丈夫创业。他们的创业选择是种橙子,也就是后来被大家熟知的褚橙。橙子被种出来后,最开始销售并不容易,是褚时健的妻子马静芬不顾年迈的身体,亲自"跑"了五年渠道,把销量跑出来了。发现丈夫在担心橙子卖不出去时,她还安慰丈夫说:"你种多少我卖多少!"

褚时健曾是"亚洲烟王",却曾一度跌落谷底;二次创业,成为"中国橙王",他在事业上又一次取得了巨大的成功,这一切充满了传奇色彩。但不得不说,这份成功离不开妻子马静芬的支持和陪伴。就像褚时健生前所说,"生活苦不堪言,可因为有她的陪伴,那(在果园种橙子的时光)是一段很美的时光。"

对此,我们每个人都一样,如果我们能毫无顾虑地为事业冲锋陷阵,那一定有家人在我们的后方保驾护航。你的军功章上有他们一半的功劳,请你不要忘了关注和照顾他们。

2. 帮助你的朋友

《增广贤文·上集》中讲："相识满天下,知心能几人?"意思是你的朋友再多,人脉再广,其实真正能在关键时刻帮你的人,一辈子也遇不到几个。人们常说,帮你是情分,不帮你是本分。在你遭遇人生低谷的时候,在你毫无退路的时候,如果万幸遇到了愿意帮助你的人,一定要好好珍惜并感恩致谢。

有一句俗语说的是,从政要学曾国藩,经商要学胡雪岩。著名的"红顶商人"胡雪岩之所以能在经商中取得巨大的成就,很大的原因就是胡雪岩懂得"雪中送炭"的道理。

一天,胡雪岩正在跟掌柜们谈事,突然有人禀报说:"外面有个商人求见。"这个商人是当地知名的布商,满脸写满了焦急,一问得知,原来是做生意遇到麻烦了,急需一大笔钱来周转。为了渡过这次难关,这个商人愿意以低于市场水平的价格,出售自己的全部身家。胡雪岩却给出了市场价来收购,并表示未来如果改变主意,想赎回这些产业,只收取少许利息。其他人并不理解,问他为什么。胡雪岩说:"你肯为别人打伞,别人才愿意为你打伞。"虽然这是一块送到嘴边的"肥肉",但这是人家多少年攒下的心血。若是以低于市场价来购买,当然能赚到不少钱,但是人家一辈子都翻不了身。胡雪岩这种雪中送炭的行为,深深打动了这名商人,后来商人渡过了难关,赎回了自己的家产,并且成为胡雪岩忠实的合作伙伴和一辈子的朋友。

中国很多家庭都会有家训，父辈们在我们成长的过程中也会反复教导我们一些朴实无华的人生哲学。比如，我的父亲就告诉我："为人处世，要多做雪中送炭的事，少做锦上添花的事，滴水之恩当涌泉相报……"这些道理我从小听到大，一直深深地影响着我，也成了我的人生信条。

牢记并感激在你最需要帮助时伸出援手的人，也努力让自己成为那个给别人雪中送炭的人。

3. 棒喝你的贵人

棒喝你的贵人可能是你的领导、同事、下属、客户，也可能是你的老师、朋友、家人。他们往往是职场中最了解你、最支持你的人。当他们对你严格要求，棒喝你的时候可能会让你难堪，但这类人恰恰是你职场中、生命中的"贵人"，他们会在关键时刻影响你人生的未来走向，让你变得越来越好。

电影《穿普拉达的女王》中的女主角安吉丽娜曾一心想当记者，却成了时尚杂志主编的助理之一。每天她都要应付大量零碎的工作：打印资料、买咖啡、取衣服……她觉得自己已经做得很好了，但上司却永远不满意。一次，安吉丽娜因为没有完成临时预约飞机的任务而遭到上司的一顿"炮轰"。安吉丽娜向同事大吐苦水："我不知道我还能怎么做，我把事情做对了好像是应该的，她连谢谢都不说。但如果事情做错了，她就是个巫婆。"她本来想让同事安慰两句，没想到同事毫不客气地说："辞职好了！你并没有努力，你只是在抱怨。我可以在五分钟内找到一个非常想要这份工作的女孩顶替你。你知道吗？你工作的这个地方，负责出版近百年来顶尖艺术家的作品。这不仅仅是杂志，这是希望的灯塔……醒醒吧，亲爱的！"同事的这番话犹如一记当头棒喝把安吉丽娜敲醒了："是啊，这并不是自己想要的状态"。之后，她换了一种心态，改变了自己的形象，更努力地投入到工作当中去。没过多久，她就超越并取代了原来的助理，成为主编的第一助理。

在现实的职场中，很多人也会像安吉丽娜一样，觉得自己的工作已经完成得很好了，甚至工作只是为了应付上司。虽然工作了二三年，但一直在原地踏步。其实，我们缺的就是一个像安吉丽娜的同事那样，愿意对我们严格要求并推动我们收获更高品质工作的人。但在现实的工作和生活中，没有人愿意得罪人，做这种费力不讨好的事。如果你遇到这样一个人，他/她在你抱怨、犯懒、自负、自怜的时候对你当头棒喝，他/她必定是你的人生贵人。没有这个人的棒喝，我们可能无法清醒，无法从当下的泥潭中走出来。

4. 指导你的教练

一位好的教练可以激发你的内在动机和潜能，拓展信念与视野，发掘你自己的潜力和智慧，甚至改变你的思维方式，帮助你打开一个新世界。不管你是刚毕业开始工作的职场新人，还是职场达人，你总会在某些时候，需要一个"在某个方面有丰富经验"的人给你一些有用的建议,为你指点迷津,帮你理清纷乱的思绪,或者给你以启迪。比如,你想要更专业、更高效地健身,你需要健身教练来帮你;你想要打好篮球,你需要篮球教练来指导;你想要在职场上取得成就,成为卓越领导者,你需要职场教练、管理教练来教你。一个好的管理教练是一面镜子,可以真实地反映出你固有的心智模式和行为模式,帮你找到自己的盲区;一个好的管理教练是指南针,当你迷失方向的时候,帮你重新回归自我,找到人生的目标所在;一个好的管理教练是催化剂,会激发你的潜能,让你看到自身巨大的能量,敢于去创造更大的可能性,去突破人生的瓶颈。就像我给企业家开过上百场的私董会,当我为企业家进行教练辅导的时候,我会将所有的焦点都放在对方身上,完全不会想他会怎么看我、怎么想我,在整个教练辅导的过程中,我的状态有可能是严肃的,也可能是亲切的,有可能是充满激情的,也可能是温和的……在那个时候,这些都显得不重要了,我会与其他企业家一起尽全力去支持对方。当然,每一次私董会对我来说也都是一次意义非凡的成长之旅,我同样无比珍惜。

5. 打击你的竞争对手

你要想取得事业的成功,一定少不了帮助你事业取得成功的第五类人——打击你的竞争对手。在现实中,竞争对手不仅和你争资源、争机会、争市场、争客户,更会在你的软肋之处狠狠一击!无论是企业家还是职场人士,往往把竞争对手当作

"眼中钉、肉中刺",处处看不顺眼!其实,这是软弱者的做法,真正的强者,会从另一个角度看问题——竞争对手会成为你成长路上的最佳"肥料"!我们看一个人的实力怎么样,往往不需要看他,只需要看他的竞争对手的实力就可以了,竞争对手的实力侧面证明了你的实力。

一位动物学家对生活在非洲大草原奥兰治河两岸的羚羊群进行过研究。他发现东岸羚羊群的一系列能力都比西岸的强,奔跑速度也比西岸的羚羊每分钟快13米。而这些羚羊的生存环境都是相同的,食物也一样。

于是,他在东西两岸各捉了10只羚羊,把它们送往对岸。结果,运到东岸的10只羚羊一年后繁殖到14只;运到西岸的10只羚羊,反而变得体弱多病,一年后只剩下3只了。

最后经过调查发现,东岸的羚羊之所以强健,是因为在它们附近生活着一群狼,西岸的羚羊之所以弱小,是因为缺少了这样一群天敌。

没有天敌的动物往往最先灭绝,有天敌的动物则会繁衍壮大。大自然中的这一现象在人类社会也同样存在。强大的对手会让一个人发挥出巨大的潜能、创造出惊人的成绩,尤其是当对手强劲到足以威胁你的存在的时候。

曾经有一个访谈节目采访奥运冠军刘翔,当主持人问他取得好成绩的奥秘时,他说:"我把以前的奥运冠军当作我的对手,把他们当作我追赶的目标。我不断地告诉自己要赶上他们,

"专业+关系"双剑合璧,
才能发挥最大威力

要超过他们。"

小成功靠朋友，大成功靠对手。对手的存在，让我们不敢停歇，让我们时刻保持清醒，正视自己的弱点。所以说，对手一直在帮助我们成长。我们应该感谢我们的对手，正是他们的存在才让我们更加强大。

如果你在职场上没有对手，那你就去找个对手，把自己逼成高手。这里说的对手，其实是你在职场这条孤独的成长路上的队友。你一定要记得，不要去找实力比你弱的对手，而要找实力比你强的对手，找你的标杆，找你的榜样来做你的对手，瞄准标杆，持续创新。你每天都在盯着他，和他赛跑，这是最高效的学习提升方式。

155 人脉归档表，梳理你的黄金人脉圈

世界人脉大师哈维·麦凯先生曾说："建立与维护人脉关系是最重要但却是被低估的管理技巧。"建立并维护人脉关系的最终目的是为了实现互惠互利，你可以为他人创造价值，同时，对方也在成为你的合作伙伴，来帮你达成目标。所以，我非常认同哈维·麦凯的说法，建立并维护人脉关系的确是一项很重要的管理技巧。

如何梳理清楚你的人脉网络并维护好人脉关系呢？我给你介绍一个工具——155 人脉归档表。

你知道"邓巴数字"吗？它也被称为"150定律"，是由英国牛津大学的人类学家罗宾·邓巴提出的。该定律指出：人类智力将允许人类拥有稳定社交网络的人数是148人，四舍五入大约是150人。很多社交专家基于这一理论提出建议，你能链接的人脉资源最多就是155人。"155人脉归档表"就是帮你找到并管理好这最重要的155个人脉，让你的人脉发挥最大的价值。

155人脉归档表

姓名	角色	职业	地区	行业	影响力 （弱－中－强）	亲密程序 （疏－中－密）	黄金人脉圈

这份人脉归档表包括：姓名、角色、职业、地区、行业、影响力、亲密程度和黄金人脉圈。其中，影响力指的是个人在自己领域内的影响力，可分为弱－中－强；亲密程度也可分为疏－中－密。

当你填好这个表之后，就可以开始对每一栏进行审视。比如：

从"角色"一栏看，你的人脉是和你有工作交集的人，还是有私下生活交集的人。

从"地区"一栏看，你的人脉是分布在各个地区，还是比较单一集中。

从"行业"一栏看，你的人脉是出于各行各业，还是集中在某个或某几个领域内。在这一栏中，最好是六大领域的联系人都有。六大领域构成了你的人际关系生态系统，它们分别是：

与你有相同兴趣爱好的联系人，比如，大家都是羽毛球爱好者、音乐爱好者、画画爱好者等。

与你工作相关的联系人：包括重要的上级、同事、下属、客户、供应商和竞争对手等。

政府工作人员：这个领域的人可以帮你更深入、更具体地了解国家的宏观政策。

金融领域的从业人员：这个领域的人当然重要，他们懂得财富流转的规律，这也是我们应该关注的。

媒体领域的从业人员：这个领域的人对你打品牌、营销、公关有重要作用。

同一个社区的联系人：同在一个社区，会让你们有更多共享信息和整合资源的机会。

针对你做出的人脉归档表，"影响力"和"亲密程度"这两栏就能帮你圈定自己的 155 个黄金人脉。只要这两栏组合不是"弱"+"疏"的关系，那他就应该进入你的黄金人脉圈。也就是说，只要这个人在自己行业里有中等或者中等以上的影响力，或者他和你的亲密度达到中等或者中等以上，那就应该进入你的 155 人的黄金人脉圈里。这 155 个人脉中包括与你关系最亲近的 5 个人，与你保持关键关系的 50 个人和与你有重要关系的 100 个人。

1. 顶级关系人（Top5）

与你关系最亲近的 5 个人，他们可能是你的亲人、闺蜜、兄弟。你可以深夜向他们打电话求助，也不怕在他们面前展示自己的脆弱和无力，他们往往会无条件支持和包容你，彼此相处也会因对方的优秀而骄傲。这 5 个人对你来说不可取代，他们是你愿意用生命去相信的人，是你最重要的财富，你要和他们保持紧密的联系，他们会给你带来极大的情感满足，是你补充能量的加油站。

2. 关键关系人（Key50）

与你保持关键关系的 50 个人，你们互相欣赏，他们可能擅长某项专业能力或者有丰富的经验，能给你提供有价值的资源和帮助。当然，你也要时刻关注他们需要什么，然后努力找机会为他们创造价值。你们可以每周联系一次，定期关注他们的动态，让你们的亲密程度保持中等或者较强状态。

3. 重要关系人（Vital100）

与你有重要关系的 100 个人，对于这些人，你要尽可能多地了解他们的信息，关注与他们相关的重大事件，随时观察他们值不值得成为与你保持关键关系的50个人。你可以每个月和他们联系一次，在某些重要时刻表达祝贺。

管理你的黄金人脉圈，一定要谨记一个原则：最强有力的关系是双方都有能力为对方做贡献，而不是建立在单方面提供价值的基础上。很多人错误地以为，人脉的数量代表一切，但其实，只有人脉被转换成更深层的关系时才能发挥它的重要价值。这种深层关系的建立需要你用心维护，需要你在双方的情感账户中不断"存款"。

经营好情感账户

1. 什么是情感账户

情感账户是对人际关系的一种比喻，这个账户里存的是信任、价值和情感。情商中所谓的"人际关系处理"，本质上就是在情感账户里"存款和取款"的行为。

史蒂芬·柯维在《高效能人士的七个习惯》一书中写道："我们都知道银行账户就是把钱存进去作为储蓄，以备不时之需。情感账户里储蓄的是人际关系中不可或缺的信任，是人与人相处时的那份安全感"。

你在服务你的客户群体的时候就是在情感账户里"存钱"。你在需要帮助的时候，别人才愿意成为你的合作伙伴，愿意帮你,这是在"取钱"。只有情感账户里有"钱",你才能够取到"钱"。

有次,我和公司的小伙伴聊天,听他们说起一些朋友之间令人尴尬的小事。

比如,大家经常会遇到多年没联系的朋友突然发来一条微信:"我正在参加××举办的集赞活动,集齐 50 个赞可获得马克杯一个。请到我的朋友圈给第一条信息点赞。"遇到这种状况通常你会怎么办呢?当然,更多时候你会选择忽略这样的信息。

还有让大家心里最没底的问候语,许多年一直不联系的朋友突然问你:"在吗?"很多人看到这个问候心里会想"我在不在取决于你有什么事"。多数情况下,一个人多年不联系你,突然问你在不在,有可能是因为这个人要结婚了,邀请你参加。有人说:"参加婚礼随礼也是应该的。"但为什么有些人会感到反感呢?是因为份子钱多,不想给?还是怕给了回不来?我发现其实都不是,是因为你的这些"朋友"在你这里的"情感账户"早已没有"余额"了,却还想"取款"。如果是和你关系比较好的且联系密切的,要结婚了,你随礼会觉得很正常,根本没想过钱多钱少,能不能收回来的问题,因为这些联系密切的朋友在你这里经常"充值",时不时地问候、聊天,这些都是"充值"行为。

2014 年,财经作家吴晓波在微信公众号里发表了一篇让我很感动的文章——《只有廖厂长例外》。这篇文章讲述了25年前,吴晓波还在复旦大学读书时,曾发起一个到中国南部考察的计划。但作为学生,他能筹措到的费用很少,这件事被素昧平生的湖南某企业家廖厂长知道后,廖厂长决定无偿资助吴晓波7000元。在当时,7000元是一笔不小的费用。吴晓波前去感谢时,却发现廖厂长其实并不是非常富有的人,所以就更加感激廖厂长的赞助了,并且问有什么可以回报的。廖厂长说:"不需要什么回报。考察报告出来后,寄给我一份就好。"后来,吴晓波的考察报告并没有完成,也没有寄出去,但是吴晓波一直想再次见到廖厂长。终于在《只有廖厂长例外》文章发出去一个多月后,吴晓波再次见到了廖厂长,他将自己的作品集《激荡三十年》作为特殊的考察报告送给了廖厂长。为了回馈廖厂长当年的帮助,吴晓波和长沙市涟源商会各捐资100万元设立"吴晓波、廖厂长青年创业公益金"来帮助更多人。你可以想象,廖厂长在这个叫吴晓波学生的"情感账户"里,存入了多大的一笔"巨款"。

请你把每一次人际交往,都看成是在他人情感账户内"存款"的一个机会。

最后,为你分享两个人际交往的法则。

人际交往的黄金法则:你想要什么,就给予别人什么。

人际交往的铂金法则:别人想要什么,你就给予什么。给别人想要的,你才能得到你想要的。

依照这些法则所采取的行为都是在向情感账户中"存款"。

2. 如何向情感账户"存款"

我分享三个"存款"建议。

第一,养成随手"存款"的好习惯。

要知道情感账户的维系靠的是长期的累积。你可以在犯了错误后,勇敢地承认错误;你可以在每次项目交付后,感谢每一个给你提供过帮助的人;你可以在会议结束时,主动发一份报告给全体参会人员;你可以在同事沮丧时,陪他在茶水间里喝杯咖啡;你可以在新员工感到焦虑时,给他一些建议;你可以在翻看朋友圈时,给别人的动态点个赞;你可以在朋友遇到困难时,主动询问有什么可以帮忙的……

同时,千万不要在给予别人帮助后,心里总想着:他欠我"钱"了,我得找机会让他补偿回来。其实,最好的情感账户关系是你觉得给予别人的帮助是"举手之劳,不足挂齿",对方觉得"滴水之恩,涌泉相报"。最坏的情感账户关系是你觉得"我给予的帮助是举手之劳,但对方应该涌泉相报",他觉得"你给予的滴水之恩,不足挂齿"。

第二,警惕无意识的"取款"行为。

不要毫无节制地"取款"。比如,不要群发私信、请求点赞、拉票、请求转发文章、推销产品,更不要未经对方同意就把他的朋友拉入一些完全不相干的微信群和QQ群中。

更有甚者,自己去上海旅行,立马联系上海的朋友说:"我要到上海了,帮我订个房吧。"试想一下,别人又不是你的秘书,你到了上海,难道对方就有义务帮你订房吗?即使你和这位朋友很熟,你真的打算就这样轻易地挥霍自己情感账户中的余额吗?能自己解决的事情,尽量别随便麻烦人。

第三,允许别人给你帮助。

当然,你也要允许别人往你的情感账户"存钱"。如果你只帮助别人,不允许别人帮自己,一心想着"零存整取"——以后有机会找他帮个大忙,这样做是很难交到朋友的。允许别人帮你,有时甚至会加深你们之间的感情。

对于别人的帮忙,你要回报每一个善意。比如,你出国游玩回来后,给帮过你的朋友带个小礼物;朋友转发了你的文章,你要留言感谢……

小结

我在阅读《沃顿商学院最受欢迎的成功课》一书时看到了一个观点:人们有三种社交风格:"获取",只索取不付出;"互利",付出的同时期望得到某种回报;"付出",无条件地给予,对收获回报并没有太大的期望。这三种社交风格与工作业绩和幸福指标相关联,而成功的"付出者",即付出超过获取的人,在工作和生活中都更有效率,跻身杰出和幸福行列的机会要比别人大得多。

重要合作讲的是谁可以帮助我，但是如果你没有付出的意愿，没有合作的价值，就很难有长久的重要合作伙伴。

我所理解的资源整合，从来都是强强联合，并且你所拥有的某一方面独特的优势是别人所不具备的，这样才有可能去吸引和撬动更多的资源来与你合作。所以，你需要了解自己的核心资源，梳理清楚自己的关键业务，明确自己的客户群体，贡献自己的价值服务，然后持续地宣传自己并交付服务，建立并维护好自己的客户关系，吸引越来越强大的重要合作伙伴，高效达成目标。

第八章
成本结构

一张画布重塑你的 职业生涯

"故天将降大任于斯人也,必先苦其心志,劳其筋骨,饿其体肤,空乏其身,行拂乱其所为,所以动心忍性,曾益其所不能。"

——《孟子》

"成本结构"是个人商业模式画布中的第八个模块，指的是"我要付出什么"，即你在工作中的付出，包括时间、精力和金钱，又分为硬成本和软成本。

成本结构是什么？

在解释这个概念之前，我想先讲一个故事：一个人在沙漠里迷失了方向，饥渴难耐，在他快要撑不下去的时候，忽然看到前方有一间废弃的小屋。他托着疲惫的身体，好不容易走到了小屋，希望在这里找到水喝。幸运的是，他在屋前发现了一个抽水机，他兴奋地上去抽水，但是无论他怎么用力抽水，还是滴水全无。在他近乎绝望的时候，忽然发现旁边有一个水壶，壶口被木塞塞住，壶上有一个纸条，上面写着：你必须将水灌到抽水机中，水才能被抽出来。不要忘了，在你走之前一定要把水壶装满。他小心翼翼地打开木塞，里面果然有一壶水。

这时候，他开始思考：是把水倒进抽水机，还是把水喝了保命？

万一把这壶水倒进抽水机之后抽不出水，岂不白白浪费了，相反，要是把这壶水喝下去，他就不会渴死，就有希望走出沙漠。

最后，他决心按照纸条上说的做。当他把水倒进抽水机的时候，抽水机里果然涌出了泉水。

他痛痛快快地喝了个够！在临走前，他把水壶装满水，塞上壶塞，在纸条上加了几句话："请相信我，纸条上的话是真的，在取得之前，要先学会付出。"

取得成就所必须付出的代价

成本结构指的是我要付出什么,即你在工作中的付出,又分为硬成本和软成本。

作为一名职场人,如果你想一步一步提升自己,想要成为管理者,或者想要实现人生理想,那么,你是否准备好为此付出代价?在今天这个时代,任何人想有所成就都不容易,但是我想说,碌碌无为更难。甘于平庸,并不是所有人都能做到的。有一天,你会不会因为碌碌无为而悔恨?你会不会因为错失人生机会而遗憾?你想不想拥有更多选择的自由?我想人生最大的遗憾是"我本可以"。没有投入、没有付出哪来的回报呢?没有持续投入、持续付出,又哪来的持续回报呢?

认识硬成本

硬成本就是为了更好地在工作上取得成绩和成果,你所需要投入的费用。它包括培训费或学习费;交通费或社交费;车辆、工具或服装费;工作时必须由个人承担的网费、电话费用等。

同时,如果你想成为领导者、管理者,不仅要会赚钱,更要懂得分钱。职位越高,投入越多。

"河南省汤阴县岳飞庙有一副对联:人生自古谁无死,第一功名不爱钱。

岳家军为什么所向披靡，其中一个原因是岳飞不爱钱、会分钱，懂得在下属身上投入。岳飞不蓄私财，总是将朝廷的赏赐都分给手下的将士，深受士兵爱戴。每次作战，士兵无不奋勇争先。

这是岳飞的带兵之道。你在职场中也是一样，如果你是管理者，你想要你的员工、你的下属投入最大的精力帮你达成目标，你要懂得投入该投入的成本。作为一个领导者，要用好人、分好钱。不会分钱就无法领导团队。

任正非曾说："钱分好了，管理的一大半问题就解决了。""舍得，有舍才有得"，这是任正非的大智慧。"舍得"两个字谁都会写，但未必谁都能做到。

赚钱是一种能力，花钱是一种智慧。除了领导者、管理者，对职场中每个人来说，在硬成本方面，到底该如何投入呢？换句话说，你的收入该如何分配使用才合理呢？下面与你分享一个"智慧花钱"的金钱管理工具——六个罐子理财法。

六个罐子理财法，提升花钱的智慧

想象一下，如果你家里只有一个自来水管和一个水龙头会怎么样呢？肯定很不方便。所以，家庭用水一般都会通过不同的管道流向厨房和卫生间，厨房的水用来洗碗和做饭，卫生间的水用来洗漱和冲厕所。虽然都是一样的水，但用途不同。你的月收入就像家庭用水一样,需要用在不同的地方。你的月收入到底应该怎么分配,花在哪些方面呢?

"六个罐子理财法"是世界顶级商业教练——哈维·艾克所设计的金钱管理系统,它教你如何合理地分配你的收入。六个罐子理财法指的是把你自己的税后收入分成六份,分别放在不同的账户里。

1. 第一份:生活必需账户

这个账户是用来管理我们每月所需的生活费用,包括房租费、房贷费、水电煤气费、交通费、保险费、伙食费等,都可以从这个账户来支付。它是维持生活的必需支出,你再怎么节约,能减少的支出金额也是有限的,最好的方法是每个月定额消费,每一笔钱都做到心中有数。当然,这部分支出的金额可能会有一定的变动。一个月后,账户里还有余额,就把它转到财务自由账户,不够的部分也可以从财务自由账户里面支出。但是这个账户的金额最多的比例上限为月收入的55%。如果你的生活必需账户经常难以维持每个月的生活费,经常需要从财务自由账户支出,那你就应该适当增加生活费金额,或者列出这个月的消费记录,认真审视一下哪些消费是没有必要发生的,从下个月开始尽量减少这方面的消费。

2. 第二份:长期储蓄账户

长期储蓄账户里面的钱不是不可以花,而是希望你"延迟满足"自己的消费需求，避免随意消费透支而产生债务。比如，偶尔你可能会想买一些比较贵重的物品，换一款新手机、买个品牌包、安排一次国外旅游、买一台新车等，但这些消费金额都比较大，一下子可能拿不出来，或者会影响你的日常开销。你可以每个月拿出小部分的收入，比如 10%，存到长期储蓄账户里面，等攒够了费用，你就可以完成一个你想实现的梦想。这个账户也叫梦想账户。

3. 第三份：教育账户

这个账户是你的教育培训基金。买书、听课、参加培训这些钱是不能省的，它能帮助你成长，给你增值，提升你的收入水平。这是一个非常重要的账户。这个账户的占比可以是 10% 以上，特别是在你年轻的时候，你更应该敢于投资。虽然你投入的钱不多，也许只够买几本书，买几套线上音频、视频课程，但是只要你坚持学习、努力提升自己，就能够使这笔钱回本升值。随着你的收入提高，你可以报名参加更多的线上、线下培训。参加培训既可以结交志同道合的良师益友，又可以学习平时难以领悟的理念和方法。

当然，在这里很多人也会产生疑惑，是否有必要花这么多钱和时间去学习？我现在的技能完全可以胜任现在的工作。但我希望你将关注点放在未来，关注未来需要哪些技能，才能让你未来的收入持续提升。

4. 第四份：休闲娱乐账户

这个账户用于休闲娱乐，这笔钱不用设置太多，它最多占月收入的 10%。各种休闲娱乐方式能帮助你适当缓解压力和焦虑，并且放松自己，同时也可以增进你和朋友的友情。

多和比你有思想的人、你需要感激的人、你内心敬佩的人聚聚会，可以扩大你的人脉圈和影响力。

5. 第五份：财务自由账户

你的财务自由账户可以当作备用资金，这份账户里面的金额最好保持在每个月平均支出金额的 6 倍以上。如果很难做到这一点，你也必须要有一定金额的财务自由账户，最好每个月把收入的 10% 左右放进这个账户。当这个账户的钱已经积累到一定数额，你可以进行定期存款，或者拿出一部分来做定投。这个账户的钱尽量用在能产生利息的地方，也就是投资"资产"。

6. 第六份：贡献账户

这部分钱用来孝敬父母长辈，或者用于慈善捐款，帮助有需要的人，它应占月收入的 5%。这个账户可以提升你的自我价值感和社会认同感。

六个账户的钱加起来就是你每个月的收入，你可以根据自身的情况进行调整，合理分配每一笔支出，把钱花在刀刃上。

赚钱是一种能力，花钱是一种智慧。如何花钱让自己越花越有，让它变成一种现实而非幻想，这确实需要智慧。

认识软成本

除了硬成本之外，还有一种成本是不容忽视的，那就是软成本。什么是软成本呢？就是在实施关键业务或进行重要合作时导致的压力感、失落感和焦虑感等情绪成本。

张涛的业务能力一直很强，最近他所在的团队负责人离职了，专业能力突出的张涛就顺理成章地晋升为了团队新的主管。成为主管的张涛不仅要完成自己的工作指标，还要负责整个团队的工作指标，这让他很不适应，并感到压力巨大。每次看到团队成员犯错，工作结果不达标的时候，张涛都无比焦虑，对下属成员的要求也越来越严格，甚至到了经常强制加班的地步。这也导致团队成员的压力更大，经常抱怨不断，团队氛围很紧张。眼看到了月底，他们团队的工作指标还差一大截，这让张涛更加焦虑了，下属小王提交的糟糕的工作成果终于让张涛彻底爆发了。他的情绪不受控制，当着大家的面严厉批评指责小王，让小王很难堪。第二天，小王向张涛提出了离职。自从张涛带领团队以来，团队成员不断离职，新人也都待不长久。但是，张涛依然没有意识到他正在不断透支自己的情绪资源，不断向下属抱怨上级交代的任务太重，又向上级抱怨员工水平太差。半年后，张涛自己坚持不下去了，提出了离职。

试想，张涛换一份工作，就可以带好团队并成为一名优秀的管理者了吗？请问，谁在职场中没受过委屈？哪份工作没压力？哪件事情容易做？每一份工作必然都会产生软成本（情绪成本），如果你不能正确地认识软成本，不能正确地管理它，换多少份工作，问题将依然存在。

我们每个人都有过这样的经历：

初入职场，你的专业知识匮乏，能力不足，领导交办的工作不能按时完成，面对别人质疑的目光，自信心备受打击，常常感觉非常失落……

刚被提拔为管理者，你手下的员工不配合工作，把原本属于他自己的任务与责任借故推卸给你，让你左右为难，你觉得非常委屈……

为了证明自己，你接受了一份很有挑战的工作任务，让你倍感压力……

这些都是我们在日常工作中会出现的状况，是工作的软成本。换句话讲，这些都是你为了成功或成长所不得不付出的代价。

既然情绪不可避免，那么怎么和情绪共处呢？

让内心强大起来的情绪 ABC 理论

情绪 ABC 理论是由著名心理学家，理性情绪行为疗法之父阿尔伯特·艾利斯提出的。

A 表示诱发性事件；B 表示个体针对此诱发性事件产生的一些信念，即对这件事的一些看法、解释；C 表示自己产生的情绪和行为的结果。

我们通常认为，引发情绪和行为结果（C）是由诱发性事件（A）直接引起的，即 A 引起了 C。比如，你很生气（C）是由于孩子考试不及格（A）直接引起的。但事实上并非如此。诱发性事件（A）只是引起情绪及行为反应（C）的间接原因，而人们对诱发性事件所持的信念、看法、解释（B），才是引起人的情绪及行为反应的直接原因。再比如，你很生气（C）是因为你认为孩子考试不及格（A）的原因是他这段时间没有好好学习，心思都用在玩游戏上了，所以你才很生气。你生气的原因是你对孩子考试不及格这件事的看法和解释。这就是情绪 ABC 理论，如下图所示。

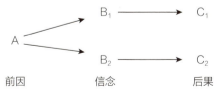

结论：事物的本身并不影响人，人们只受对事物看法的影响。

两个同事刚好在路上一起碰到他们的经理，但经理没有与他们打招呼，径直走过去了。这两个同事中的一个认为："经理可能正在想别的事情，没有注意到我们。即使是看到我们而没理睬，也可能有什么特殊的原因。"

而另一个同事心里却想着："是不是上次顶撞了他一句，他就故意不理我了，接下来可能就要故意找我的麻烦了。"

两种不同的想法就会导致两种不同的情绪和行为反应。前者可能觉得无所谓，而后者可能显得忧心忡忡，以至于久久无法平静，干扰了后面的工作。事物的本身并不影响人，人们只受对事物看法的影响。

同样是经理没跟自己打招呼这件事（A），因为两位同事对这件事不同的信念（B），产生了不同的结果（C）。前者认为经理可能有什么特殊原因，所以并没有放在心上，这被称为合理的信念。而后者过分解读，认为经理是故意不跟自己打招呼，这被称为不合理的信念。

合理的信念会引起人们对事物适当、适度的情绪和行为反应；而不合理的信念则相反，往往会导致不适当的情绪和行为反应。如果人们坚持某些不合理的信念，将会长期处于不良的情绪状态之中，最终导致情绪障碍也就是 C 的产生。

在你的情绪出现问题的时候，情绪 ABC 理论是一个非常好的工具，可以让你看清自己不合理的信念，改善自己的行为或调整自己的感受，让你的内心逐渐强大起来。

第八章　成本结构

练习

你可以把近期出现过的不良情绪或者行为列出来,然后回想一下诱发事件,把诱发事件也列出来。

诱发事件(A)	针对诱发事件的信念(B)	不良情绪和行为(C)
上司给你安排了一份时间紧、任务重的工作		压力巨大, 害怕上司询问工作
下属提交了一份令你很不满意的策划案		生气, 对下属发脾气
同事没有优先对接你的工作需求		生气, 对同事充满敌意
孩子不停地哭闹		对孩子吼骂

对照你的诱发事件、不良情绪和行为这两栏,仔细考虑:你当时是什么样的想法或感受,为什么会产生不良情绪或者行为。然后,判断它是不是合理的信念:这种感觉和想法是否能帮助我实现目标?能否改善我们之间的关系?是否会伤害到我在意的人?

诱发事件(A)	针对诱发事件的信念(B)	不良情绪和行为(C)
上司给你安排了一份时间紧、任务重的工作	这件事肯定完不成,上司因此可能会对我有看法	压力巨大, 害怕上司询问工作
下属提交了一份令你很不满意的策划案	认为下属做事不认真,不负责	生气, 对下属发脾气
同事没有优先对接你的工作需求	认为同事总是优先处理和他关系好的同事的需求	生气, 对同事充满敌意
孩子不停地哭闹	感觉很无奈, 自己无能为力	对孩子吼骂

如果你的答案是否定的，能不能试着从中找出你可以改善的行为或感受，并且不断地练习这些行为。最重要的是，你不要逃避那些令你产生不良情绪和行为的人和事。比如，上司给你安排了一份时间紧、任务重的工作任务，你不要一个人默默扛着压力或者自暴自弃，而应该放下戒备心，主动跟上司谈谈你无法完成任务的原因，你需要什么支持，双方商讨出一个切实可行的完成时间；孩子不停地哭闹，你不要假装没看到或者恳求他能不能别哭了，而应该和善而坚定地和孩子面对面沟通，如下表所示。

诱发事件（A）	针对诱发事件的信念（B）	不良情绪和行为（C）	可改善的行为或感受
上司给你安排了一份时间紧、任务重的工作	这件事肯定完不成，上司因此可能会对我有看法	压力巨大，害怕上司询问工作	主动汇报情况，寻求资源帮助，合理安排时间确保完成任务
下属提交了一份令你很不满意的策划方案	认为下属做事不认真，不负责	生气，对下属发脾气	认真倾听下属的想法和创意，发现问题并指导
同事没有优先对接你的工作需求	认为同事总是优先处理和他关系好的同事的需求	生气，对同事充满敌意	和气地索要必要的信息，要求同事承诺按时对接
孩子不停地哭闹	感觉很无奈，自己无能为力	对孩子吼骂	和善而坚定地告诉孩子你的感觉以及你希望他做的事情。如果他依然拒绝，就让这些后果自然发生，不要吼骂

警惕沉没成本陷阱

1. 什么是沉没成本

无论是硬成本还是软成本,人们在面对成本的时候很容易陷入一个陷阱——沉没成本陷阱。

什么是沉没成本?沉没成本是指以往发生的,但与当前决策无关的费用。比如,你去超市购物,结账的时候你排在了其中一个队伍后面的位置。过了一会儿,你发现你站的这队的收银员结账速度太慢了,而旁边那一队的结账速度明显快很多。这时候你会怎么想?"要不要换到旁边队伍去,旁边结账速度快一些。但是我已经排了这么久了,现在去旁边队伍,又要重新排。那我前面排队的时间岂不是白白浪费了",然后你继续在原先位置排队。

为什么你不愿意转移队伍呢?因为你不想让之前付出的成本白白损失掉。之前排队的时间就是你的沉没成本,而且你等待的时间越长,越不甘心放弃。

人们在决定是否去做一件事情的时候,往往不仅看这件事对自己有没有好处,也会看过去自己是不是已经在这件事情上有过投入。

有一个经典的管理案例:20世纪80年代中期,英特尔公司遇到了前所未有的一次大危机。当时,计算机存储芯片是英特尔的主要业务,这一业务占据英特尔公司收入的70%。而日本的芯片制造商想要和英特尔等美国制造商争夺这一市场。

因为成本优势，日本的芯片制造商开始打"价格战"，始终把定价控制得比英特尔等竞争对手低10%。为了应战，英特尔公司研究了很多战略，比如，扩建芯片生产工厂，来降低成本；在研发上进行投入，设计出性能更好的芯片；开拓新的市场，寻找新的机会。然而，这一系列举措都没有起到太大的作用，英特尔已经连续6个季度亏损。面对如此的困境，它们不知道该不该放弃存储器的生意而转向新的业务。

格鲁夫问摩尔："如果我们都下台，另选一位新总裁，你认为他会采取什么行动？"

摩尔想了想，说道："他会放弃存储器的生意。"然后，格鲁夫最终把英特尔转变成了一家微处理器公司，果断放弃了存储器业务，让公司重见生机。10年以后，英特尔成为美国最盈利的五家公司之一，成为推动个人计算机技术前进的领导者。

陷入沉没成本陷阱就像被拖入泥潭，会使你越陷越深，无法自拔，造成巨大的损失；跳出来可能会让你遇见新的可能性，开辟一片新天地。

很多人之所以不愿意放弃沉没成本，是因为不愿意面对"最初选择失误"这一事实，不接受前期投入的损失，然后试图用继续投入的方式来捞回成本。

就像炒股，为什么很多人炒股的亏损会越来越大？他们一开始只是亏了一点点，最后只剩不到一成仓位，这时候你让他卖掉，他极可能不会听你的，为什么呢？因为他已经在这里有大量投入了。如果这时候他退出，意味着他最后肯定是亏损的，而如果继续投资的话，或许还有收回成本的可能。所以，大部分人越陷越深。

还有一部分人会高估沉没成本对最终结果的作用，他觉得自己已经付出了，那他一定会有所收益。

就像我们做一份工作，本来这不是你擅长的工作，但是因为已经工作了两年，积累了一定的经验，会认为如果继续做下去，说不定也能成功，反而没有了改变的勇气。

但是，你有没有想过，盲目忍耐有可能带来的是更大的损失。沉没成本不仅使我们损失金钱，耗费时间，还会浪费机会成本。你本可以用这段时间创造更大的价值，有更好的选择，但沉没成本很可能让你错失很多良机。

2. 拖垮一个人最隐蔽的方式就是沉没成本

想要减少沉没成本对我们造成的影响，最简单的解决办法就是"断舍离"。

"断舍离"是日本杂物管理咨询师山下英子提出的人生整理观念。所谓"断舍离"，"断"是断绝不需要的东西，"舍"是舍弃多余的废物，"离"是脱离对物品的执着。山下英子认为，不管东西有多贵，有多稀有，能够按照自己当下是否需要来判断的人才够强大。

所以，"当下是否需要"才是判断是否要丢弃的主要参考因素，而不是曾经有过哪些付出和投入。对于不能帮助我们达成目标的沉没成本，就要做到及时止损。

股神巴菲特曾经说过，投资犯错并不可怕，最重要的是不能连续犯错，要学会及时止损。

小结

"管理学之父"彼得·德鲁克说："收入当然可以当作是支持成本的资金。但除非管理者能不断地将其精力投入到能创造营收的活动中，否则成本就会被不知不觉地用在毫无生产力的事情上，徒劳无功。"成本结构对于一家公司来说至关重要，它对于个人来说同样重要，你同样需要思考，你的成本是不是浪费在了毫无生产力的事情上？所以说，赚钱是一种能力，花钱是一种智慧。会花钱，才会越花越有。你的成本结构很大程度上决定了你的收入结构，更长远地还会影响你的收入水平。

第九章
收入来源

君子爱财,取之有道。
——《增广贤文》

"收入来源"是个人商业模式画布中的第九个模块,指"我能收获什么",探索重塑职业生涯最终的成果收获。

"收入来源"分为两个部分:硬收入和软收入。硬收入指工资、奖金、分红、期权、版税以及其他现金收入。软收入指满足感、成就感和社会贡献等。

收入来源是什么？

个人商业模式画布是把个人当作一个商业组织来进行探究的。经济学家弗里德曼认为，企业目标就是利润最大化。对个人而言也是如此，要追求自身利润最大化，要尽可能地提高收入和降低成本。

我们在第八章了解了职场人的成本结构，本章将要介绍收入来源。只有保证你的收入大于你的成本，你的职业发展才能说是良性的。假如你在职业生涯中经常感觉得不偿失，付出远远大于回报，那么你的商业模式一定出了大问题。

我们进行职业生涯规划，想让自己的职业之路走得更好，最终的目的是什么呢？获取我们满意的收入。收入分为两个部分：硬收入和软收入。

硬收入很容易理解，金钱就是硬收入。

金钱是什么？是货币，是购买货物和保存财富的媒介，也是财产所有者与市场关于交换权的契约。作为职场人，你是把自己的劳动以及劳动成果（如脑力劳动和体力劳动）与获得的一方（如公司或者市场）进行交换来换取金钱，并以金钱作为媒介去换取其他你需要的商品。所以，你的硬收入是你个人商业价值最直观的体现，也是所有人在职场中最基本的需求。

对于大部分人来说，硬收入意味着工资、补助、提成、奖金等应得的现金收入。除此之外，还包括五险一金等保障性收入,以及股票期权等收益类收入。那么作为职场人,应该怎样提升收入呢?我将从以下四个方面阐述。

我们首先思考第一个问题:收入从何而来?

金钱等于价值的交换

想象一个场景,一名员工向他的老板提出加薪的要求:"我家里又生了一个孩子,所以我想要一个更大的房子,最好再配一辆汽车,给我更多的工资。"如果你是老板,会答应他的要求吗?

收入不是凭空产生的,一个人的收入等于另一个人或几个人的支出,有人愿意花钱购买你的劳动成果,你才能够获得收入。员工想要获得工资,想要加薪,怎么才能"说服"老板这么做呢?你要解释清楚,你为什么值这笔收入,而不是为什么需要这笔收入。就像你去商场里购物,店家会竭尽所能地告诉你这件商品为什么值得购买,而不是对你说:"先生,我需要完成这个月的业绩,请你购买一件商品吧!"

你自身越有价值,创造的价值越高,你越是值得对方投入,你获得的收入自然也越多。

通过创造价值来提升收入是商业模式画布的核心,对应着画布的右半部分。我们从创造价值服务开始,通过更多的渠道通路，找准更合适的客户群体，搭建更紧密的客户关系，最终带来收入的提升。

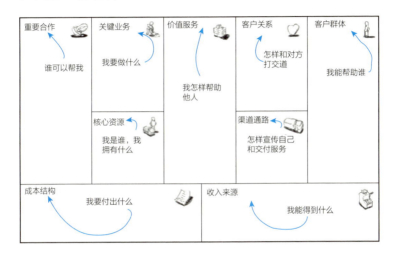

你会发现整张画布的各个模块是彼此联系的，一起构成了独特的"你"。

你的工资到底是由什么决定的呢？有人说我学识渊博，有人说我履历丰富，有人说我能力出众。学历高，履历多，能力强，就一定能获得更高的工资吗？我告诉你，不是的！

一个人的工资并不由他的学历、履历或能力决定，而是取决于他为公司所创造的价值、所做出的贡献。

接下来，请思考第二个问题：怎么才能创造更大的价值呢？

事业要建立在"蜜罐区"里

想要创造更大的价值,你需要聚焦自己核心资源的领域。换句话说,你要把你的事业建立在"蜜罐区"里。

还记得本书第一章中关于"蜜罐区"的阐述吗?如果你做一份能够给你带来收入的工作,不仅是你感兴趣的,也是你擅长的,而且还能按照你希望的工作方式工作,那么你的职业将处在一个别人求之不得的"蜜罐区"。处在"蜜罐区"里的人,优势能够得到最大程度的发挥,也能够有更多的能量支撑自己不断进取。

所以,想要创造更多的价值以获得收入的提升,最好的办法就是找到你的"蜜罐区",并在这片区域内耕耘你的事业。

为什么"蜜罐区"如此重要,大部分人却不去探索自己喜欢、擅长、符合自己个性的事情呢?答案是人们不想有损失,特别是经济损失,就像我们在前面提到的沉没成本。因为不想有损失,所以不敢贸然尝试那些自己真正感兴趣的工作,被困在现在并不喜欢、不擅长的工作里。

所以,想要收入持续提升,你就要明确你的核心资源,花更多的时间分析自己真正感兴趣的是什么且擅长什么,你的个性适合什么。把你的事业、你的职业建立在你的核心资源优势上面,你才有可能从事一份对自己来说既有优势又能赚钱的工作。小米创始人雷军说过:"不要让你战术上的勤奋掩盖战略上的懒惰。"更长的工作时间,更高的工作效率,这些都只是战术上的勤奋；认真思考什么才是更适合自己的，并下定决心做出改变，这才是战略上的勤奋。

这一点对我们来说意义重大，你要知道职业收入是职场人财富积累的首要来源，我并不希望你被市场上随处可见的赚钱信息所诱导，因为自己没有赚钱门道而无比焦虑。现实的数据更能说明这一点：直到 2019 年，美国普通家庭收入 74.3% 的来源是劳动性收入，哪怕是最富有的 10% 的家庭，工资收入也占到了总收入的 47%。中国的情况也大致如此，居民可支配收入中 73% 的来源都是劳动性收入。因此，对我们来说，职业的选择决定了你自身职业生涯的高度和长度，更决定了你的财富水平。

问对问题成就人生

如果你看上了一套房子，但是口袋里没钱，这个时候你会怎么办？

第一类人可能会说："这么贵，我可买不起。"

第二类人则会说："我怎样才能买得起呢？"

从两类人的话中发现区别了吗？第一类人选择直接放弃，而第二类人选择想办法去实现目标。

职场中经常会遇到这种情况，很多人只要一遇到困难就会习惯说："我不行,我做不到,我解决不了。"只要你这么想、这么说,那一定做不到。

所以想要提升自己的收入,一定要从观念上进行改变,问对的问题。你要问问自己:我要怎么做才能完成这件事情?我要怎么做才能解决这个问题?我要怎么做才能拿下这个岗位?我要怎么做才能成功完成这个任务?

为什么很多人会选择轻易放弃?究其根本,是因为我们太过于追求故事最终的结局。在我们选择是否要做一件事之前,总是要想出几个重要的意义,否则就完全失去了做这件事的动力。想要开始写作,但一想到自己这辈子不会成为作家,就悻悻然放下了笔;想要学习游泳,但一想到自己这辈子不会站上奥运比赛的领奖台,就默默地脱掉了泳衣。就像那个看到房子就会说"这么贵,我可买不起"的人一样,事情还没开始就选择了放弃。

因为在这个过程中包含着"对比"。你去与最成功的结果对比,很容易产生巨大的压力,有压力就会有逃避。当你知道自己可能没有办法取得心中最完美的结果时,你可能就不愿意开始了,这也是我们放弃的源头。

放弃有两种表现:"放弃开始"和"放弃坚持"。"放弃开始"是指不敢轻易开始,刚刚产生了一点兴趣和想法就会自我否定;"放弃坚持"是指做事喜新厌旧,遇到点困难就止步不前。大多数时候,我们更多地会关注第二种人,鼓励这种人坚持下去，不要半途而废；但第一种放弃其实更普遍，却因为被扼杀在萌芽之中而不为人知。

在做一件事的时候，首要做的就是不能"放弃开始"。不想当将军的士兵不是好士兵，但我想说，你不能因为觉得当将军的压力太大，就拒绝成为士兵。提笔写作，就算未来当不了作家又如何？也可能会成为一名优秀的文案工作者。哪怕不从事相关工作，你也能在这个过程中完善逻辑结构和语言风格。练习游泳，就算未来不能成为运动员又如何？拥有健康的身体已然比其他很多事情都更有意义了。最重要的是，如果你想要，那就开始去做。

当然，开始行动是第一步，在做的过程中遇到困难怎么办呢？不能"放弃坚持"，要享受过程。遇到困难，我们要想办法解决，见招拆招，多问问自己要怎么做才能做成。而不是放弃后，开始怀疑自己、怀疑人生。

养成成长型思维，在做的过程中，一点点突破，一步步成长，解决一个又一个小问题，最终发现大的问题也迎刃而解了。

从今天开始，你一定要改变问问题的方向，问对问题，才能成就人生。不再论证自己"不行"，多想想自己如何做才能"行"，你会更有机会把一件一件事情做成，收入目标也更容易实现。想要获得收入，最大的敌人不是不够优秀或者做错了事，而是放弃。

确定你的人生目标和梦想，让你的事业进入蜜罐区，去创造更大的价值,你才能在职场获得更高的收入。除本职工作获得的劳动报酬之外,我们还可以追求获得更广泛的收入。通常的来源有两种:兼职和投资。

兼职:"斜杠青年"的利弊

"斜杠青年"是指不再满足"专一职业"的生活方式,而选择拥有多重职业和身份的多元生活的人群。这些人在自我介绍中会用斜杠来区分。例如:许武,记者/美食家/摄影师,斜杠成了他们的代名词。"斜杠青年"可能是自由职业者,也可能是有稳定本职工作同时存在其他身份的兼职者。

在国内,从事自由职业的"斜杠青年"的生存空间还没有完全打开,很多时候面临着比一般职场人更大的生存压力和精神压力,常常存在不安全感。但随着时代的进步和社会观念的转变,越来越多细分领域的需求被不断挖掘,"斜杠青年"未来的发展空间潜力巨大。自由职业是就业和创业之外的第三条道路,所从事的工作投入小,转型快,只需要自己一个人就可以应对,工作时间和工作方式相对自由,拥有独特竞争力的人才,更有机会获得不菲的收入。"斜杠青年"拥有相对自由的时间,更容易利用自己的闲暇时间进行多元化探索,积累更多样的收入来源和更广阔的视野。但要注意的是,缺少了职场中的约束,对自我管理能力和学习能力提出了更高的要求,很多自由职业者才华横溢,却败在了自律之上。

在职场中兼职的"斜杠青年",会常常面临着本职工作和兼职工作之间的微妙冲突,我也曾经被很多人问过:职场人该不该做兼职?

这个问题的答案,可以说是众说纷纭,而且老板和员工的观点往往站在对立的两面。我希望带你从更高的维度看待这件事——每个人对自己时间的安排。应该去思考,如何用最少的时间创造最大的价值。

如果你是一个自己所在领域的专家,当然可以去新的领域寻求突破;如果你的工作每天都无所事事,当然也可以找个兼职——不过我更推荐你换个岗位。

对于大部分职场人而言,鱼和熊掌很难兼得,特别是刚参加工作的年轻人,本职工作还没干好,你去做兼职就等于分散了自己的时间、精力和注意力。说句重一点的话,你在本职工作中都赚不到钱,做兼职更没有机会了。甚至因为做兼职而不能集中力量沉淀能力、建立自己的优势,很可能让你更加"不值钱"。

所以我认为,在你尝试去做"斜杠青年"之前,你起码要先花 3~5 年的时间,在一个领域内深耕,成为这个领域内的专家,之后你才有机会成为这个领域的顾问、导师和教练,我想这才是很多"斜杠青年"更想要做的事吧。比如,我已经拥有近 20 年带团队的经验,经常有其他公司邀请我去分享怎带团队、做管理，客户也会请我做管理顾问和教练，我的身份自然而然地多了一个"斜杠"，并与我的本职工作相得益彰。

一定要记住，赚钱多少是结果，而不是原因。你的核心资源、你的实力才是职场核心竞争力，要把自己当作一个公司来经营。公司多元化的前提也是要先把主业干好。

投资：购买资产而不是负债

想要摆脱单纯地靠劳动换取收入，通过资产获得回报，那么我们首先要弄清楚资产与负债的含义。

在这里，我不打算用晦涩的经济学专业术语去阐述这两个词汇的含义，尽管表述会更严谨，但不一定会对我们的观念起到太多的作用。我很认同畅销书《富爸爸穷爸爸》的作者罗伯特·清崎的观点：资产是能把钱放进口袋里的东西，负债是把钱从口袋里取走的东西。

比如，我们购买的手机、手表、手提包，这些是你的资产吗？并不是，这些不会给你带来任何收入。相反，你需要在上面花费更多的钱来使用、保养它们，所以它们是你的负债。汽车是资产还是负债？这取决于你的用途，它们到底在帮你赚钱还是让你花钱。

现在商家都在极尽所能地激发你的消费欲望，各种消费贷层出不穷。"花钱要趁早""你值得精致的生活"，都是在鼓励你为了当下的生活预支未来的钱。然而，这样并不会让我们的生活质量有实质上的提升。请记住：我们想要的东西并不等于我们真正需要的东西。事实上，我们最终拥有的财富，并不取决于你挣了多少钱，而是取决于你留下了多少钱。当你不断透支未来的收入以换取眼前短暂的快乐时，你会产生依赖并形成习惯。有一天，当你面临真正需要的支出时，你准备从空空的口袋中掏出什么来呢？当然，我并不是让你成为一个清心寡欲的人，而是希望你量入而出、适可而止，不要任意透支未来。

当你认可并领悟了这个观念之后，你也就知道该如何做出选择了：尽可能多地购买资产，尽可能少地购买负债。

在工作中，有些公司会为你提供一种收入——股权或者期权，这是一种资产。工资必须要靠劳动获得，而期权不必，选择期权的员工相当于预支了之后的工资，购买了一项能够为他持续带来分红收入的资产。

雷军创立小米的时候，给了他的工作伙伴们三个选项：其一，选择和跨国公司同等的报酬；其二，选择拿 2/3 报酬，获得一部分期权；其三，选择 1/3 的报酬，获得更多的期权。如果你在当时加入了小米公司，你会如何选择呢？

你需要在长期利益和短期利益中做一个选择。股权和期权意味着什么？一家公司老板的收入可以是同一家公司员工收入的百倍甚至更多，难道是因为老板付出了百倍的工作时间吗？并不是，真正的原因是他所持有的是资产。

选择资产往往意味着更长的回报周期。在公司中，往往职位越高的人的回报周期越长。比如，生产线上的工人，收入的计算方式是计件工资或周薪；职场人士，收入的计算方式是月薪；公司的高管，收入的计算方式是年薪；而企业家、企业股东和合伙人，他们收入的计算方式包含股权、期权这类资产。

麦克利兰的成就动机理论

1. 软收入

在职业生涯中，人们能够获得的除了硬收入，还有软收入。当你为公司拿下一个项目，获得领导或同事的赞赏，心里是不是很高兴呢？是不是觉得干活也更有劲儿了？

如果你的工作是自己喜欢且擅长的，那么你在工作的时候也是开心的，工作会带给你成就感和满足感，这些都属于你的软收入。

什么样的软收入才能对我们的职业发展起到持续性的正面作用呢？我们可以通过美国社会心理学家、哈佛大学心理学教授麦克利兰的成就动机理论一探究竟。

2. 成就动机理论

软收入作为一种收入来源，最重要的是能够给你带来能量上的补充，从而获得成就感。如果我们能从工作中获得更多的软收入，将会产生积极性和创造性，保持昂扬的工作状态。职场人会因为一种需求或动机而激发自己的内在动力，去努力实现某一目标。那这种需求或者动机包括哪些方面呢？

麦克利兰认为，人的高层次需求分为三种：成就需求、权力需求和归属需求。

成就需求：争取成功，希望做到最好的需求。

具有高成就需求的人追求的是个人成就而不是成功的报酬本身。具有强烈的成就需求的人渴望将事情做得更为完美，提高工作效率，获得更大的成功，他们追求的是在通往成功的过程中克服困难、解决难题、努力奋斗的乐趣，以及成功之后的个人成就感，他们并不看重成功所带来的物质奖励。高成就需求者与其他人最大的区别就是他们想把事情做得更好。

如果你是一个有高成就需求的人，你要去做一份能够给自己足够挑战的工作，这样就能够在挑战自我的过程中不断获得满足；但也不要做远远超出自己能力范围的事，否则长期坚持而得不到成功，甚至不断失败，会让你产生深深的挫败感，就像辛勤劳动但得不到报酬一样，你没办法获得软收入的回报。最好从事一份对你自己能力而言相对有挑战的工作，你可以向领导主动申请一些能够在过程中满足你成就感的任务。

权力需求：影响或控制他人且不受他人控制的需求。

不同人对权力的渴望程度有所不同，权力需求较高的人会对影响和控制别人表现出很大的兴趣，喜欢对别人"发号施令"，注重争取地位和影响力。他们乐于分享，喜欢具有竞争性和能体现较高地位的氛围。有高权力需求的人也会追求出色的成绩，与有高成就需求的人追求个人的成就感有所不同的是，他们的目的是获得地位和权力。

如果你是一个具有高权力需求的人，你会对管理岗位产生很大兴趣，在领导团队的过程中获得满足。权力需求也是获得管理成功的基本要素之一。但要注意的是，如果一个管理者仅仅围绕不自觉表现出来的个人需求行使权力，很容易在谄媚的下属那里获得满足，这将不利于企业长久的发展。你要做的是，把"控制别人"转变成"控制别人以获得成功"，这会使你带来更大的满足感。

归属需求：建立友好亲密的人际关系，寻求被他人喜爱和接纳的需求。

有高归属需求的人更倾向于与他人交往，至少是为他人着想，这种交往会给他带来愉快。有高归属需求的人喜欢合作而不是竞争的工作环境，希望彼此之间能相互沟通与理解，他们对环境中的人际关系更为敏感。有时，归属需求也表现为对失去某些亲密关系的恐惧和对人际冲突的回避。归属需求是保持社会交往和人际关系和谐的重要条件。

如果你是一个有高归属需求的人，也许你会排斥"职场中没有真正的朋友"这一说法。你最好去做那些需要与别人合作才能完成的工作，并在一些非正式的环境中积极与人沟通。或许对你来说，很多绝妙的想法可能是在咖啡厅、茶水间或者走道的闲聊中产生的。遇到不同的人，即兴地聊天，想法和创意在期间就会产生了。有高归属需求的人更能从非正式沟通中获得满足感。

麦克利兰的成就动机理论给我们最大的启发就是，我们在职业生涯中所收获的不仅仅是硬收入，还有同样至关重要的软收入。

很多时候，硬收入和软收入是相辅相成的，当我们去努力争取硬收入的时候，不知不觉中获得了大量额外的软收入，而软收入带来的内心能量，激发我们去提升能力，创造更大的价值，获得更多的硬收入，在职场中不断成长。

3. 运用个人商业模式画布提升收入的应用案例

某公司的一名营销总监，他通过学习个人商业模式画布中的知识，实现了一年内收入翻倍的目标。他是如何做的呢？

这位营销总监的目标是收入翻倍。他做的第一步，就是画出自己的梦想板。他是一个喜欢汽车的人，想用今年的收入买一辆心仪已久的汽车，所以他把这辆汽车的照片贴在了工位前，每天一抬头就能看到，购买这辆梦想中的车成了他现阶段工作最大的动力。

接下来，就是对个人商业模式画布做一些调整。他的目标是收入翻倍。他首先调整的是收入来源，这名营销总监的收入来源是个人销售奖金和团队销售奖金，那么计算出个人业绩和团队业绩都要达到多少才能实现收入翻倍，同时也要调整其他模块的内容。比如，这位营销总监需要在客户群体中优化外部客户群体，找到更多优质大客户。同时需要调整客户关系，不仅要重视新客户开发工作，还要重视老客户关系的维护工作，让更多老客户主动帮自己推荐新客户。

另外，这位营销总监还要重视自己的重要合作伙伴，也就是自己销售团队的成员。他带领团队成员都画出属于自己的梦想板，并分别让他们绘制出个人商业模式画布，找到每个人的核心资源，了解他们所擅长的服务客户群体以及渠道。比如，有人擅长微信公众号等自媒体的引流拓客工作；有人擅长采取面对面拜访形式的开拓客户工作；有人擅长服务老客户从而使其帮助自己转介绍其他客户。让每个人在自己擅长的领域发挥优势，他通过尽全力帮助自己团队成员达成他们的目标，最后自然而然也就实现了自己的目标。

让我们复盘一下这位营销总监实现目标的过程，他从收入目标出发，根据自己确定的目标，将工作一步步往前推进，在过程中调整自己的商业模式画布，并不断提高能力、发挥优势，去创造价值、服务客户（外部客户和内部客户），帮助他们达成目标和结果，从而达到自己想要的目标和结果。

小结

美国的人力资源协会曾经做过一项统计，一个员工的成本等于工资的 8 倍，包括社保、福利、管理成本、办公设施、风险和机会成本等。也就是说，如果你的月薪是 5000 元，公司在你身上消耗的成本超过 40000 元。那你为公司赚来的收入是多少呢？有没有远远超过 40000 元呢？最后，我想提醒大家的是，职场人一定要有这个意识，想要获得比之前更多的收入，首先应考虑自己能够为公司创造的价值有多少。

如果你选择职场收入作为主要的收入来源方式，也就意味着你要与所在的公司和团队成为利益共同体，你所在的公司、行业和地区将成为你的商业基本盘，这也是我们学习个人商业模式画布所需要具备的思考高度。

后 记

2016年的一个秋日，我与良师益友张建华教授无意间聊起了他的一本著作对我的深刻影响，言语间，他突然对我说："晓芳，你出本书吧！你有这么丰富的经历，做了这么多的事，讲了这么多年的课，你把这些写出来，肯定能帮助很多人。"

之后，他热心地帮我约见了机械工业出版社谢小梅老师，谢老师给了我很多指点，让当时的我茅塞顿开。一个喜爱读书的人，有一天计划要去写一本书，是一件很有挑战也很有趣的事情。

工作一如既往的繁忙，我只得在空余时间考虑这本书的方向和框架。匆匆4年过去了，仍迟迟未能动笔。就像哲人所说："圈内是你已知的空间，而圈外是你未知的世界，你知道得越多，圆圈也就越大，你不知道的也就越多。"每次想要提笔，我很容易陷入浩渺的书籍资料中，这些优秀的作品所传递

后 记

的理念、方法与我自己的实践经验不断印证,又给了我更多全新的思考和启发,我强烈地感受到每一个领域的探索都没有尽头——我反而越来越不敢轻易动笔了。

2020年,突如其来的新冠疫情肺炎给我们所有人带来了沉重一击。几乎所有行业都笼罩在浓重的阴影下,人们的日常工作和生活都受到影响,对未来的不确定比对当下的困难更让人悲观。正如吉姆·罗恩所说:"大多数人都高估了自己一年内所能做到的事情,却低估了自己十年内所能做到的事情。"当人们逐渐意识到因为当前种种困难,无法达成自己原本信心满满的短期目标时,往往会更加低估自己在未来所能达成的成就。

我觉得我有必要写点什么了。

该写什么好呢?我最丰富的经验来自过去17年里对成长型企业家的教练培训、咨询辅导,我见证及参与了很多中国本土公司在战略发展和创新增长方面的实战案例。我也深受管理大师彼得·德鲁克的影响,把自己最多的时间和精力都花在了管理的实践上,我总结出了一整套适合中国本土企业培养人才、带领团队的实战管理培训体系,我和我的团队专为中国"80后"和"90后"管理者研发了多套简单实用的管理课程。同时,在这个过程中,我也梳理出了一整套在中国职场中切实可行的方法体系,我想把这套体系写成一本书,一本给中国职场人的书,尤其是给那些潜力无限、对未来充满希望,却又时常在职场中感到困惑和迷茫的人。因为,终有一天,他们也会成为卓越的企业家、领导者、管理者,他们代表中国的未来,希望有机会助推和陪伴这群人的成长,对我来说,这是一件无比幸运且幸福的事。

《一张画布重塑你的职业生涯》是我基于蒂莫西·克拉克(美国)、亚历山大·奥斯特瓦德(瑞士)、伊夫·皮尼厄(比利时)三位提出的"个人商业模式画布"而衍生创作的一个非常具有启发性的思考工具,它能够很好地梳理个人优势与职场竞争力。这张"个人商业画布"是我所引用的框架,在这个框架之上,我学习借鉴了很多名家的理念和方法,结合了我自己的亲身经历以及我所辅导的各类职场人的真实案例,经过系统思考最终写成了这本书。这也是服务中国成长型民营企业这么多年以来我一直思考的方向,如何将先进的理念和工具运用于中国广阔的市场中,来解决我们日常工作和生活中所遇到的最实际的问题。

在本书的最后,我想借用爱因斯坦的一句名言:"疯狂就是重复做一件事,并期待不同的结果。"也就是说,如果你想用同样的思维方式和行为方式,却希望得到不同的人生结果,那是不可能的!我想说的是,如果你学习了本书中的所有理念和工具,但却不去行动,那么一切都不会改变。

如果你愿意去行动,也许你的改变最初并不会翻天覆地、彻头彻尾,可能只是一点点细小的变化。也许是"核心资源"得到了发挥,也许是从"价值服务"入手改变了"关键业务",也许是对"客户群体"和"渠道通路"做出了改变,也许是加

后记

深了对"客户关系"和"重要合作"的认识,也许是对自己"成本结构"与"收入来源"进行了调整,无论哪一点,我都希望,你先做出一点来。然后,再改变更多一点,再多一点。最后,你会发现,你的职业生涯将会真正地彻底重塑。

《一张画布重塑你的职业生涯》这本书站在了很多巨人的肩膀上,他们的名字在本书中未必一一提及,我发自内心感谢所有我学习过和钻研过的导师和机构的研究成果,更感谢在我的成长路上曾经指导和帮助过我的领导和老师,在此致谢!

在这本书的写作期间,也正好是我们公司业务全面转型线上的时期,经历了太多痛苦的抉择,真的是无数次想放弃,又无数次选择前行。感谢李昀李总,感谢团队小伙伴们始终不离不弃,勇往直前。感谢一直信赖我们团队的企业家们和喜爱我们壹创新商学 App 的年轻用户们!感谢所有人一路上与我风雨同行。

感谢机械工业出版社胡嘉兴老师的策划与指导,感谢所有为此书的出版发行而付出努力的幕后工作者们。

因为时间关系,书中还有很多不尽如人意的地方,亦会存在纰漏之处。写作完成后,内心总觉得有很多遗憾之处,期待以后有更多时间再做修订。

在此,诚挚地邀请读者朋友们来信(wxf@jsq10000.com)批评指正。也请您关注我们的微信服务号(壹创新商学 yichangxin),对话框内发送文字"一张画布",我们将为您准备一份精美的个人商业模式画布的电子版思维导图，以及这本书的精华版PPT，您还可以加入我们的读者群，与大家一起来分享收获与成长。如果本书中有一些工具和案例未联系上原作者，也请来信沟通相关事宜。

最后，祝您永远眼里有火、心里有光、脚下有路，拥有非凡的人生！

王晓芳

2020 年 12 月 28 日

附 录

个人商业模式画布使用手册

个人商业模式画布一共包括九大模块：

第一个模块是核心资源，我是谁？包括兴趣、天赋技能和个性，以及拥有什么，如经验、人脉和资源等。第二个模块是关键业务，我要做什么？包括现在的日常工作任务和未来的目标工作岗位的任务。这两个模块是个人职业规划的起点，是重塑职业生涯的基础。第三个模块是客户群体，我能帮助谁？我服务的对象是谁？这里的客户不仅仅包括我们一般意义上的企业外部客户，还包括企业内部客户。第四个模块是价值服务，我怎么帮助他人？客户请我完成什么工作？完成这些工作会给客户带来什么好处？这两个模块是在帮你重新梳理清你工作的对象和意义，创造更大的价值。

以上四个模块都处在认知阶段，回答"我有什么用"的问题。当你对你自己、你的工作、你的客户、你的价值有更充分、更准确的认知时，你才能做到"天生我材必有用"。

第五个模块是渠道通路，怎样宣传自己和交付服务？也就是说，你怎么去传递价值。第六个模块是客户关系，怎样和对方打交道？怎么才能跟客户建立更牢固、更持续的关系？第七个模块是重要合作，谁可以帮我？都有哪些人能成为我的合作伙伴？

这三个模块是具体实施阶段，回答"我怎么用"的问题。当你打通了渠道、稳定了关系、建立了合作，你的才华才能得到展现，你的价值才能得到彰显，你在职场上才有了用武之地。

第八个模块是成本结构，我要付出什么？第九个模块是收入来源，我能得到什么？

这两个模块是最后的评估阶段，回答"我赚什么钱"的问题。我们通过对比自己的付出与收获并评估我们所有计划的合理性，争取做到"千金散尽还复来"。

最后，我给大家提供一个绘制个人商业模式画布的参考。大家还记得在第四章里，我曾经讲过 HR（人力资源）张健的例子。张健之所以迷茫，是因为混淆了价值服务和关键业务，所以找不到工作的意义。"审核考勤和招聘"是关键业务，而"为公司招聘优秀的人才，以保证公司的核心竞争力"才是真正的价值服务。通过这次梳理，张健先是在认知上做出改变，再到行动的改变，最后是结果的改变。张健后来在同事中脱颖而出，晋升为招聘经理,走上了管理岗位。他以招聘经理的身份为自己又绘制了一张个人商业模式画布,如下表,供大家参考。

重要合作	关键业务	价值服务	客户关系	客户群体
上级、下属、公司用人部门的同事、重要的猎头机构与招聘平台	制订招聘方案并实施,优化培训、绩效考核方案并实施;指导和协助下属的工作;培养下属成长	为公司选拔培养优秀人才,提高团队工作效率,提升公司的核心竞争力	与应聘者快速建立信任;主动与公司用人部门同事保持持续顺畅的沟通合作;持续获得上司的信任和支持,与下属保持团结互助关系	公司内部、外部潜在的优秀员工;其他用人部门同事;上级人事总监;下级团队成员
	核心资源 善于沟通,乐于收集整理分析信息,擅长招聘选拔人才,具有三年的人力资源岗位经验和两年的管理经验,以及系统的人力资源专业知识		**渠道通路** 对外通过各类招聘平台和内部推荐来吸引、选拔优秀人才;对内通过工作汇报、工作总结、培训会议、专题演讲等向领导和同事展示并交付自己的价值服务	
成本结构		**收入来源**		
工作时间投入,管理团队时间与精力投入,人力资源专业学习投资、管理学习投资,上下班通勤费和电话费等费用、工作中的焦虑和压力感		岗位工资、个人绩效、补助津贴、奖金;团队绩效,能力成长的满足感,工作中创造价值的成就感		